T0194430

**essentials**

*essentials* liefern aktuelles Wissen in konzentrierter Form. Die Essenz dessen, worauf es als „State-of-the-Art" in der gegenwärtigen Fachdiskussion oder in der Praxis ankommt. *essentials* informieren schnell, unkompliziert und verständlich

- als Einführung in ein aktuelles Thema aus Ihrem Fachgebiet
- als Einstieg in ein für Sie noch unbekanntes Themenfeld
- als Einblick, um zum Thema mitreden zu können

Die Bücher in elektronischer und gedruckter Form bringen das Fachwissen von Springerautor*innen kompakt zur Darstellung. Sie sind besonders für die Nutzung als eBook auf Tablet-PCs, eBook-Readern und Smartphones geeignet. *essentials* sind Wissensbausteine aus den Wirtschafts-, Sozial- und Geisteswissenschaften, aus Technik und Naturwissenschaften sowie aus Medizin, Psychologie und Gesundheitsberufen. Von renommierten Autor*innen aller Springer-Verlagsmarken.

Weitere Bände in der Reihe https://link.springer.com/bookseries/13088

Anja Mahlstedt

# Die Toolbox für die Teamentwicklung

## Der Weg zum Spitzenteam

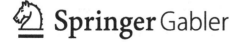 Springer Gabler

Anja Mahlstedt
Wedel, Deutschland

ISSN 2197-6708        ISSN 2197-6716    (electronic)
essentials
ISBN 978-3-658-37445-7      ISBN 978-3-658-37446-4    (eBook)
https://doi.org/10.1007/978-3-658-37446-4

Die Deutsche Nationalbibliothek verzeichnet diese Publikation in der Deutschen Nationalbibliografie; detaillierte bibliografische Daten sind im Internet über http://dnb.d-nb.de abrufbar.

Planung/Lektorat: Stefanie Winter
Springer Gabler ist ein Imprint der eingetragenen Gesellschaft Springer Fachmedien Wiesbaden GmbH und ist ein Teil von Springer Nature.
Die Anschrift der Gesellschaft ist: Abraham-Lincoln-Str. 46, 65189 Wiesbaden, Germany

# Was Sie in diesem *essential* finden können

- Welche Rahmenbedingungen benötigen Teams, um Höchstleistungen zu erbringen?
- Welche klassischen Rollen gibt es im Team und wie sind diese besetzt?
- Welche Phasen durchläuft ein Team bis zum Reifeprozess?
- Wie kann die Führungskraft die Teamentwicklung durch den Einsatz von Reviewprozessen durchgängig unterstützen?

# Vorwort

Willkommen zur Toolbox zur Teamentwicklung. Ich durfte in den letzten Jahren viele Teams als interne und auch externe Moderatorin und Teamentwicklerin bei ihrer Entwicklung begleiten. Die in der Praxis eingesetzten Modelle und Tools möchte ich hier mit Ihnen teilen.

Mit Ihnen, die Sie als Führungskraft, als Projektleiter und auch als Teammitglied aktiv sind. Jeder und jede ist für die Entwicklung des Teams verantwortlich und kann großen Einfluss nehmen. An dieser Stelle sei erwähnt, dass ich für die bessere Lesbarkeit auf das Gendern verzichten werde.

Mit diesem Link

https://sn.pub/tKTGm5

haben Sie zusätzlich die Möglichkeit zum Download des e-learning Kurses „Phasen der Teamentwicklung" der Iversity Plattform. Diese multimediale Ergänzung greift die Quintessenzen dieses Buchs noch einmal auf und regt zum Weiterdenken und zur Anwendung in der Praxis an. Auf der Iversity Plattform finden Sie außerdem den vertiefenden Prokurs „Die Toolbox für die Teamentwicklung: Teambuilding verstehen und gestalten".

Bevor wir die Tools konkreter betrachten, ist es meiner Ansicht nach wichtig zu verstehen, welche Dynamiken Teams in unterschiedlichen Phasen prägen, und welche Rollen in Teams regelmäßig besetzt werden. Dieses Hintergrundwissen macht deutlich, dass auch kritische Phasen und Konflikte willkommen zu heißen sind, denn sie gehören zur Entwicklung einfach dazu!

Deshalb ist die Toolbox in vier Kapiteln aufgebaut:

Im ersten Kapitel widmen wir uns den Teamerfolgsfaktoren. Verbunden mit der Fragestellung: „Welche Rahmenbedingungen benötigen Teams, um Höchstleistungen zu erbringen?"

Jedoch nicht alle Aufgaben sind für Teamaufgaben geeignet. Welche das sind und welche Teamverstärker es gibt, auch darum wird es im ersten Kapitel gehen. Im zweiten Kapitel werden wir uns mit Unterstützung des Belbin Modells die klassischen Teamrollen anschauen. Je unterschiedlicher die Persönlichkeiten sind, die in einem Team zusammenarbeiten, desto mehr Rollen können intuitiv besetzt werden. Da jedes Modell die Komplexität der Realität reduziert, werde ich in Ergänzung noch ein weiteres systemisches Modell nutzen, das verstärkt auf Antriebsmuster und Energiefresser Bezug nimmt. Kennt jedes Teammitglied die unterschiedlichen Energiefresser der Kollegen, können manche Konflikte schon im Vorfeld vermieden werden.

Im dritten Kapitel betrachten wir die unterschiedlichen Phasen der Teamentwicklung. Ein Team durchläuft unterschiedliche Phasen bis zum Reifeprozess. Von der Findung bis zur vollen Leistungsfähigkeit ist es wie bei einem guten Wein: Das Team benötigt dazu Zeit zur Reifung. Doch anders als beim Wein kann ich als Führungskraft Einfluss darauf nehmen, wie schnell die einzelnen Phasen durchlaufen werden können, um zur wirklichen Leistungsfähigkeit zu kommen.

Die Phasen werden jedes Mal von Neuem durchlaufen, sobald ein Teammitglied neu dazu kommt oder eines das Team verlässt. Durch die gesammelten Erfahrungswerte und genutzten Tools können die Phasen dann allerdings meist deutlich schneller verlassen werden.

Das vierte Kapitel gibt Ihnen einen Überblick über unterschiedliche Reviewprozesse. Durch den Einsatz von Reviews kann ich als Führungskraft die Teamentwicklung durchgängig unterstützen. Vielfältige Formate sind dabei hilfreich, je nach Zielsetzung und zeitlicher Ressource. Zur Durchführung benötigt man nicht immer einen externen Moderator, auch für die Führungskraft sind diese Strukturen sehr gut einsetzbar.

Viel Spaß beim Lesen und natürlich bei der Teamentwicklung!

Ihre
Anja Mahlstedt

# Inhaltsverzeichnis

# Abbildungsverzeichnis

# Was Teams erfolgreich macht

1

## 1.1 Was ein Team stärkt

Muss TEAM wirklich heißen „Toll ein Anderer macht es!" oder kann ich als Führungskraft für eine innere Haltung wie „Toll, wie machst Du es denn anders?" sorgen?

Mit einem Verständnis für Teamprozesse, Erfolgsfaktoren und Hürden ist dies möglich!

Damit sind wir auch schon mitten im Thema. Denn ob ein Team wirklich so aufgestellt ist, dass es Hochleistung erbringen kann, hängt sowohl von der internen Interaktion als auch vom Umfeld und der Aufgabe ab. Nicht jede Aufgabe ist für Teamwork geeignet! Nicht jedes Umfeld hilft der Teamentwicklung!

Führungskräfte, die ihr Team für falsche Tätigkeiten einsetzen, verschenken viel Leistungspotenzial.

Wann also ist eine Aufgabe geeignet?

Studien[1] belegen, dass dies vom Umfang, der Komplexität, der Abgrenzbarkeit der Rollen, des Interaktionsbedarfs, der Interaktionsmöglichkeiten und dem verbindenden Ziel abhängt. Je stärker diese Kriterien ausgebildet sind, desto eher eignet sich der Einsatz eines Teams, um diese Aufgabe zu lösen.

▶ Je mehr dieser Fragen mit „ja" beantwortet werden können, desto eher sollte Teamarbeit eingesetzt werden:

---

[1] Studie von Stewart, G.L (2006). A meta-analytic review of relationship between team design features and team performance, Journal of Management, 32 (1), S. 29–55.

© Der/die Autor(en), exklusiv lizenziert an Springer Fachmedien Wiesbaden GmbH, ein Teil von Springer Nature 2022
A. Mahlstedt, *Die Toolbox für die Teamentwicklung,* essentials,
https://doi.org/10.1007/978-3-658-37446-4_1

- Ist die Arbeit komplex?
- Kann sie nicht von einem Einzelnen erledigt werden?
- Sind verschiedene Perspektiven hilfreich?
- Sind unterschiedliche Fachkompetenzen nötig?
- Besteht Zeitdruck?
- Können Teilprojekte und Aufgaben klar abgegrenzt werden?
- Gibt es geeignete Voraussetzungen für die Interaktion?
- Insbesondere technisch und kulturell?
- Gibt es verbindende Ziele, hinter denen sich alle versammeln können?
- Ist die Entwicklung eines klaren Zeitplans mit Zwischenzielen realistisch?

Ob ein Team erfolgreich als Hochleistungsteam agiert, hängt also von vielen Faktoren ab. Auf viele dieser Faktoren habe ich als Führungskraft direkten Einfluss! Wenn die Aufgabe komplex ist und wenn sie verlangt, dass viele unterschiedliche Persönlichkeiten sich mit ihren Stärken und Fachkompetenzen einbringen, dann sollte ich als Führungskraft handeln. Genauso, wenn Zeitdruck besteht und viel Interaktivität gefragt ist, um zu einer Abstimmung zu kommen. Also immer dann, wenn Druck von außen auf der Aufgabe liegt.

Doch aus meiner eigenen Praxis weiß ich, dass Teams Zeit brauchen, um sich zu finden! Vorher gibt es oft viele Abstimmungsbedarfe. Da das Zeit und Energie raubt, braucht es eine professionelle Begleitung und klare Ziele. Vor allen Dingen Meilensteine und klar kommunizierte begrenzte zeitliche Ressourcen führen dazu, dass dieser Zeitraum des „sich Findens" nicht zu lang wird.

Wenn diese Voraussetzungen erfüllt sind, und ein Team Verantwortung für das Thema übernimmt, Neues schafft und kreative Prozesse vorantreibt, dann wird Innovation möglich. Dinge können neu gedacht werden und echter Mehrwert durch Teamarbeit entsteht.

Damit aber nicht nur die Aufgabe geeignet ist, sondern auch das Umfeld und das Miteinander im Team zu echter Performance führt, muss die Führungskraft noch auf weitere Rahmenbedingungen achten. Francis Young hat hierfür eine Liste von „Teamverstärkern" zusammengestellt, die jedes Teammitglied und jede Führungskraft kennen sollte:

▶ Teamverstärker nach Francis Young

- Partizipativer Führungsstil, der die Teammitglieder einbezieht und die Gruppe zur Übernahme von Verantwortung animiert.

- Qualifizierung und Wissenstransfer, der es ermöglicht, dass möglichst unterschiedliche Talente weiterhin gefördert werden und die einzelnen Stärken zum Wohle des Ganzen einbringen können.
- Gegenseitige Wertschätzung ermöglicht, dass auch Einzelbeiträge gewürdigt werden und das Engagement, die gesetzten gemeinsamen Ziele zu erreichen, wachsen lässt.
- Ein Teamklima [► Teamklima], das sich durch akzeptierte informelle Normen auszeichnet, nach denen sich alle richten. Diese Normen sind eine Mischung aus gemeinsamen Werten, Glaubenssätzen, Traditionen, Beziehungen und Regeln. Ein reifes Team pflegt ein Teamklima, in dem zwischenmenschliche Probleme konstruktiv gelöst werden.
- Ein hohes Leistungsniveau, das insbesondere durch SMARTe Ziele, die gemeinsam verhandelt und verabschiedet wurden, unterstützt wird.
- Die Einbindung des Teams in die Gesamtorganisation, die es ermöglicht, dass die Leistung des Teams gesehen und geschätzt wird.
- Arbeitsmethoden, die eine gemeinsame Problemlösung ermöglichen und kreative Prozesse fördern.
- Eine etablierte Feedback- und Fehlerkultur, die es ermöglicht aus Fehlern und Konflikten zu lernen.
- Beziehungen zu anderen Teams, die Synergien fördern, anstatt zu einem Wettbewerb zu animieren, der das Gesamtunternehmensziel gefährdet.

In der nachfolgenden Abbildung Abb. 1.1 finden Sie eine erste Einschätzung für die Teamkonstellation, der Sie sich gegenübersehen. Jeder Handlung sollte eine Analyse vorausgehen, damit sie möglichst wirksam ist und zum „richtigen" Zeitpunkt eingesetzt wird. Dieser Analysebogen kann Ihnen dabei helfen.

## 1.2    Hochleistungsteams in der Praxis

Erinnern Sie sich an das Zitat von Michael Jordan: „There is no I in team but there is in win"? Echte Hochleistungsteams machen genau das: Sie gehen über Grenzen hinweg und können eine ungeheure Innovationskraft entwickeln. Sie sind gemeinsam erfolgreich, und genauso partizipieren auch alle Teammitglieder am gemeinsamen Erfolg.

Das können wir auch beobachten, wenn wir uns genauer ansehen, wie im Sport aus Einzelkämpfern eine erfolgreiche Mannschaft geformt wird. Ganz besonders im Fußball, wenn im Rahmen von Länderspielen aus einer Summe von Stars ein gut funktionierendes, befristet zusammenspielendes Nationalteam

# Teamprofil-Beurteilungsbogen

Bitte kreuzen Sie das entsprechende Kästchen auf der Skala an. Die Extremwerte (1 und 7) sind jeweils durch einen kurzen Text erläutert.

| 1. Beteiligung | | |
|---|---|---|
| Ein oder zwei Personen dominieren, andere schweigen oder beteiligen sich kaum. | ☐ 1 ☐ 2 ☐ 3 ☐ 4 ☐ 5 ☐ 6 ☐ 7 | Alle Teammitglieder beteiligen sich aktiv, wenn es notwendig wird. |

| 2. Entscheidungsfindung | | |
|---|---|---|
| Einige wenige oder der Chef drücken Entscheidungen durch, ohne vorher nach Konsens gesucht zu haben. | ☐ 1 ☐ 2 ☐ 3 ☐ 4 ☐ 5 ☐ 6 ☐ 7 | Alle Teammitglieder werden ermutigt, an Entscheidungen zu partizipieren. Konsens wird gesucht und getestet. |

| 3. Verteilung der Führung | | |
|---|---|---|
| Das Team hängt von ein oder zwei Mitgliedern oder dem Chef ab, um etwas zu bewegen. Die anderen nehmen eine passive und abwartende Haltung ein. | ☐ 1 ☐ 2 ☐ 3 ☐ 4 ☐ 5 ☐ 6 ☐ 7 | Jeder ist initiativ und trägt etwas bei, wenn seine Fähigkeiten gebraucht werden. Die Führung ist verteilt und wechselt je nach Thema. |

| 4. Problemlösung | | |
|---|---|---|
| Man befasst sich nur mit Symptomen statt mit wirklichen Ursachen und geht zu hastig weiter zu Lösungen. Teamprobleme werden nicht untersucht. | ☐ 1 ☐ 2 ☐ 3 ☐ 4 ☐ 5 ☐ 6 ☐ 7 | Probleme werden ausreichend ausgelotet. Faktoren, die die Leistungsfähigkeit des Teams beeinträchtigen, werden sorgfältig untersucht. |

| 5. Meinungsdifferenzen | | |
|---|---|---|
| Meinungsdifferenzen werden nicht ausdiskutiert. Zustimmung wird signalisiert, ohne dass sie wirklich da ist. | ☐ 1 ☐ 2 ☐ 3 ☐ 4 ☐ 5 ☐ 6 ☐ 7 | Meinungsdifferenzen werden offen und frei ausdiskutiert. Signalisierte Zustimmung ist ernstgemeint und verpflichtet zum Handeln. |

| 6. Vertrauen | | |
|---|---|---|
| Teammitglieder halten sich bedeckt. Sie sind vorsichtig, höflich, nicht offen. Sie scheuen sich, zu kritisieren und sind ängstlich, kritisiert zu werden. | ☐ 1 ☐ 2 ☐ 3 ☐ 4 ☐ 5 ☐ 6 ☐ 7 | Teammitglieder vertrauen sich und sind offen. Sie können Kritik frei ausdrücken. Sie vertrauen der Gruppe viel an. |

| 7. Gefühle | | |
|---|---|---|
| Gefühle (z. B. Langeweile, Ärger, Freude) sind unerwünscht, werden ignoriert oder kritisiert. | ☐ 1 ☐ 2 ☐ 3 ☐ 4 ☐ 5 ☐ 6 ☐ 7 | Gefühle (z.B. Langeweile, Ärger, Freude) werden frei ausgedrückt. Einfühlsame Antworten werden gegeben. |

**Abb. 1.1**   Teamprofilbeurteilungsbogen

gebildet werden soll, das auch noch auf den Punkt die Höchstleistung abrufen kann.

Dieses Beispiel aus dem Sport lässt sich sehr gut auf die Performance übertragen. Diese Abkürzung zeigt noch einmal was es braucht, um Leistung zu erbringen und etwas größeres Gemeinsames zu schaffen:

▶ Hochleistungsteams verhalten sich nach bestimmten Kriterien (PERFORM)

- Purpose (Sinnzusammenhang)
- Empowerment (Bevollmächtigung)
- Relationship and Communication (Beziehung und Kommunikation)
- Flexibility (Flexibilität)
- Optimal Performance (Optimale Leistung)
- Recognition and Appreciation (Wertschätzung und Anerkennung)
- Morale and Motivation (Motivation und Moral)

**Das P steht für den Purpose/Sinn**
Zunächst muss für das Team die Frage beantwortet werden „Wo wollen wir hin und was wollen wir wie erreichen?". Für jeden einzelnen Spieler muss klar sein, warum er in seiner Funktion auf dem Platz steht. Jeder Einzelne muss fest davon überzeugt sein, dass er oder sie einen entscheidenden Beitrag zur Zielerreichung leisten kann und letztlich auch leisten will. Keine Einzelinteressen haben zu dieser Zeit mehr Vorrang.

**Das E steht für Empowerment**
Wenn ich genau weiß, dass ich einen Beitrag leisten kann und welchen Rahmen ich dafür zur Verfügung habe, welche Rolle ich spiele und welche Verantwortung ich hier im Team übernehmen kann, dann ist mein Platz auf dem Feld für mich klar umrissen.

Das heißt, Rollen und Verantwortlichkeiten sind geklärt. In solch einem Team ist es zumindest zum Zeitpunkt des Spiels nicht mehr zu verhandeln, wer im Angriff, wer in der Verteidigung und wer im Mittelfeld spielt. Entsprechend wird trainiert, nämlich genau mit und für diese Aufstellung. Jetzt kann jeder Einzelne seine Stärken entfalten und einbringen.

**Das R steht für Relationship/Beziehung**
Wir alle sind in Beziehung miteinander und wir schätzen einander. Wir sind vielleicht nicht die allerbesten Freunde. Aber im Idealfall verstehe ich mich

zumindest so gut, dass ich auch Privates teilen mag. Dafür ist Grundvertrauen die Voraussetzung. Wenn ich mich gut aufgehoben weiß, dann haben wir eine echte Bindung, die verlässlich ist.

**Das F steht für Flexibility/Flexibilität**

Auch hier können wir wieder die Metapher aus dem Sport nutzen. Mal angenommen, wir haben das gleiche Ziel im Team, denn unser gemeinsames Streben ist das Erreichen des Finales und der Pokalgewinn. Doch da das Team sich im Turnierverlauf auf immer neue Gegner einstellen muss, sollte das eigene Zusammenspiel entsprechend auf den Prüfstand gestellt und angepasst werden.

Vielleicht fehlt uns sogar punktuell ein Abwehrspieler oder Stürmer auf dem Platz. Irgendwie muss die Rolle dann doch gefüllt werden, wir müssen uns schnell auf die neue Situation einstellen. Diese Umstellung muss dann voll verantwortlich und ohne lange Diskussion von allen mitgetragen werden, und zwar so, dass sich alle wieder aufeinander verlassen können.

Flexibilität im Kopf und im Handeln ermöglicht es erst, sich auf die verändernden Anforderungen im Umfeld einzustellen. Doch nicht jede Persönlichkeit im Team bringt vermutlich die gleiche Flexibilität mit. Jeden Einzelnen bedarfsorientiert bei den Veränderungen einzubinden und die entsprechend unterschiedlichen Kommunikationsbedürfnisse zu erfüllen, ist somit einer der wichtigsten Erfolgsfaktoren in der gemeinsamen Entwicklung.

**Das O steht für optimale Performance also optimale Leistung**

Optimale Performance beantwortet die Frage, wie ich meine Leistung als Team auf den Punkt abliefern kann, ohne zu viele Ressourcen zu verschwenden. Ein Hochleistungsteam darf die Leistung in der Qualifikation ruhig noch schonen, wenn es in den Finals dann „liefern" kann. Doch auch dazu ist Klarheit über die Anforderungen und die Erwartungen notwendig. Konkret heißt das, Klärung wie die einzelnen Teammitglieder miteinander interagieren sollen, wie sie sich unterstützen und wann der Einzelne sich auch einmal zurücknehmen muss. Gerade, wenn ein Stürmerstar auch einmal den Ball abspielt und ein Tor vorbereitet, statt den Ball zu versenken, wird aus einer Reihe von Einzelkämpfern ein echtes Team. Eine reine Aneinanderreihung von Einzelkämpfern, mögen sie auch noch so viel Expertise mitbringen, zerstört die optimale Leistung.

**Das R steht für Rekognition/Wertschätzung**

Wird die Teamleistung als Teamleistung wertgeschätzt und anerkannt? Und ist jeder Einzelne mit seinem Beitrag ausreichend sichtbar? Um im Bild des Fußballs zu bleiben: Auch der Masseur und der Mannschaftsarzt haben ihren Beitrag geleistet und gehören dazu.

High Performing Teams nehmen sich Zeit, um Erfolge zu feiern und wieder aufzutanken. Ein reines „schneller, höher, weiter" führt langfristig zum Ausbrennen und vereitelt den gemeinsamen langfristigen Teamerfolg.

**Das M steht für Moral und Motivation**
Bei und mit einer entsprechenden Teammoral müssen die vorherrschenden Werte nicht immer wieder neu verhandelt werden. Alle wissen, und es wurde bereits erprobt, dass sie sich auch in herausfordernden Situationen aufeinander verlassen können. Wenn es drauf ankommt, dann gehen sie die Extrameile gemeinsam. Sie haben gemeinsames Erfahrungswissen! Dieses zeigt ihnen, dass keiner einknickt, wenn es schwierig wird. Menschen benötigen Erfahrungen, um gelebten Werten echten Glauben zu schenken.

„Das Ganze ist mehr als die Summe seiner Teile" – Aristoteles[2]

▶ Ausführlicher: „Das, was aus Bestandteilen so zusammengesetzt ist, dass es ein einheitliches Ganzes bildet – nicht nach Art eines Haufens, sondern wie eine Silbe –, das ist offenbar mehr als bloß die Summe seiner Bestandteile. Eine Silbe ist nicht die Summe ihrer Laute: ba ist nicht dasselbe wie b plus a, und Fleisch ist nicht dasselbe wie Feuer plus Erde."

Google hat diese Kriterien im Rahmen ihres „Aristoteles" Projektes hinterfragt und mit Prioritäten belegt. Konkret wurden bei Google 180 erfolgreiche Teams befragt, um der Frage nachzugehen, was diese Teams anders machen als weniger erfolgreiche. Das Ergebnis ist so spannend wie einfach: Teambindung ist das Allerwichtigste!

Wenn das Miteinander der größte Erfolgsfaktor schlechthin ist, dann kann und muss die Führungskraft entsprechend Einfluss auf diesen Faktor nehmen. Im besten Sinne können Teams von ihren Führungskräften entwickelt werden, wenn ein Rahmen geschaffen wird, in dem sie sich miteinander wohlfühlen, voneinander lernen und Vertrauen aufbauen können.

---

[2] verkürztes Zitat aus Metaphysik VII 17, 1041b
    Quelle: https://beruhmte-zitate.de/zitate/130993-aristoteles-das-ganze-ist-mehr-als-die-summe-seiner-teile/.

So einfach diese Aussage in der Theorie klingt, so wirksam ist sie in der Praxis. Sicher können sich diejenigen von uns, die schon einmal die Chance hatten in so einem Team zu arbeiten, mit einem guten Gefühl an diese Zeit erinnern. Wenn wir nicht nur wegen der Sinnfrage, der Leistung und der Anerkennung unserer Teamaufgabe nachgehen. Weil die Interaktion Spaß macht, weil wir uns zugehörig fühlen, und weil wir die Menschen so schätzen, die mit uns arbeiten. Auch, wenn sie uns vielleicht gar nicht ähnlich sind, und auch, wenn es mal Reibung gibt. Dass diese Reibung zu einer noch verlässlicheren Verbindung führen kann, darauf haben Führungskräfte Einfluss. Wie genau sie diesen Einfluss nutzen können, darauf werden wir verstärkt im 3.und 4. Kapitel eingehen.

## 1.3    Hürden und Grenzen

Aus der langjährigen Begleitung von Teams habe ich die Erkenntnis gewonnen, dass Teams in ihrer Entwicklung und in ihrer Performance ganz massiv gestört werden, wenn sie einem ständigen Wechsel unterliegen. Insbesondere, wenn immer wieder neue Teammitglieder integriert oder verabschiedet werden müssen. Oder wenn sich das Ziel, die Rahmenbedingungen und Erwartungen oder die Führung verändert.

### Störfaktor: Wechselnde Teammitglieder

Ständiger Wechsel im Team geht zu Lasten des Zugehörigkeitsgefühls und des Vertrauens. Die Ergebnisse des Aristoteles Projektes haben uns gerade noch einmal gezeigt, wie wichtig genau dieses Element ist.

Für die Führungsmannschaft heißt das, für Kontinuität, und bei einem nicht zu vermeidenden Wechsel, für eine möglichst schnelle Integration zu sorgen.

Gerade in Zeiten des New Work und der Zunahme des digitalen Austauschs muss dabei die Frage im Vordergrund stehen, wie trotz örtlicher und räumlicher Distanz Nähe geschaffen werden kann. Wir haben während der Pandemie gespürt, dass der „Teamkitt" schnell verloren geht, insbesondere dann, wenn das Team nicht auf positive Erfahrungswerte des Miteinanders zurückgreifen kann.

Unternehmen, die das verstanden haben, richten z. B. virtuelle Räume ein, wenn die Mitarbeitenden sich nicht in Präsenz treffen können. Diese Räume sind ganztägig zum Austausch geöffnet und ermöglichen auch gerade den informellen Austausch, der auf dem Flur so nicht mehr möglich ist. Neue Teammitglieder haben weniger Hürden in der Ansprache von Mitarbeitenden, die sie vis à vis erleben. Feste Zuordnungen oder Mentoren während der virtuellen Einarbeitung sind unersetzlich.

In einen Einarbeitungsplan gehört insbesondere im virtuellen Format nicht nur die fachliche Einarbeitung, sondern auch das Kennenlernen von Schnittstellenpartnern im Rahmen von digitalen Lunch- und Coffeebreaks.

Schaffe ich als Führungskraft solch ein Umfeld, in dem auch virtuell der „Teamkitt" vorhanden ist, dann habe ich den ersten Störfaktor schon einmal im Griff.

**Störfaktor: Ständige Zieladaption**

Eine ständige Anpassung der angestrebten Ziele ist das neue Normal.

Wir sind in der VUKA-Welt angekommen, auch schon vor der Pandemie.

▶ VUKA steht für

V wie volatil
U wie ungewiss
K wie komplex
und
A wie Ambiguität (Uneindeutigkeit)

In unserer volatilen und komplexen Umgebung, in der Veränderungen oft nicht vorherzusehen sind, verändern sich Ziele sehr schnell und manchmal auch unerwartet. Das, was gestern noch Priorität hatte, ist heute schon überholt. Wenn dies allerdings nicht ausreichend begründet an das Team kommuniziert wird, schlägt sich diese Adaption oft komplett auf die Motivation des Teams oder zumindest einiger Teammitglieder durch. Auch hier ist Handlungsbedarf für die Führung!

Zum einen sind äußere Störfaktoren und Veränderungen so weit wie möglich vom Team abzuhalten. Und, falls diese nicht vermeidbar sind, ist das „Warum" ausreichend und nachvollziehbar zu erläutern. Und vielleicht mussten Sie als Führungskraft auch schon einmal die Erfahrung machen, dass Sie selbst vor vollendete Tatsachen gestellt wurden. Die Veränderung war nicht in Ihrem Sinne, und sie mussten sie trotzdem an das Team kommunizieren?

Sie werden nur dann der Führungsrolle gerecht, wenn Sie Ihre Frustration nicht weitertragen und Argumente für die Notwendigkeit der Veränderung möglichst glaubwürdig vermitteln. Selbst zunächst bewusst nach Chancen für das Team zu suchen, sich argumentative Unterstützung von der nächsthöheren

Führungsebene zu holen (falls möglich), ist empfehlenswert, bevor man sich so persönlich wie möglich an das Team wendet. Kontinuität ist auch hier wieder das Zauberwort. Kontinuität, die in der agilen Welt kaum möglich erscheint. Eine Antwort darauf bietet die iterative Herangehensweise, die im Rahmen von zeitlich klar definierten Teilprozessen immer wieder für eine strukturierte Justierung der zu erarbeitenden Ergebnisse sorgt. Nachjustierung erfolgt so unter Einbeziehung aller und wird damit weniger infrage gestellt.

**Störfaktor: Lorbeerdiebe**
Immer wieder sieht sich ein Team mit Lorbeerdieben konfrontiert.

Das kann durch ein einzelnes, sehr dominantes Teammitglied (manchmal leider auch durch die Führungskraft) erfolgen, das sich immer wieder nach vorne stellt und für die alleinige Sichtbarkeit sorgt. Oder Schnittstellenpartner greifen von rechts und links Teilergebnisse ab und frustrieren damit die Teammitglieder. Einige Teams schaffen sich in der Praxis dann ein Feindbild und agieren nach dem Motto „Jetzt erst recht!". In den meisten Fällen muss das Team allerdings vor Frustration und Lorbeerdiebstahl geschützt werden.

Übrigens sollte ich dem Team auch einmal Zeit ohne mich geben. Das tut gut: Sowohl mir als auch meinem Team.

# Rollen in Teams

**2**

## 2.1 Die Belbin Teamrollen

Um die Bedeutung der „Rolle" verständlich zu machen, nutze ich gern das Bild der Hüte, die wir in unterschiedlichen Situationen tragen. Im Leben nehmen wir unterschiedliche Rollen ein, die des Teammitglieds ist oft nur eine davon.

Zunächst besteht eine Rolle aus Rechten und Pflichten. Es gibt Erwartungen, die ich selbst an die Gestaltung habe, und die von außen an die Rollengestaltung herangetragen werden.

Welche Rolle ich konkret im Team einnehme, hängt von den Verhaltenspräferenzen ab, die ich persönlich habe. Was aber prägt mein Verhalten, und wie werde ich zu der Persönlichkeit, die ich bin?

Eine Mischung aus genetischer Disposition und meiner Sozialisation sind dafür bestimmend. Konkret haben meine gelernten Muster, meine Erfahrungswerte und mein Wertekanon Einfluss auf meine Rollengestaltung.

Es gibt unterschiedliche Modelle, die die Rollenvielfalt abbilden und strukturieren. Teams können sie für eine gemeinsame Reflexion und Teamaufstellung nutzen.

Das Modell, das ich zuerst einführen möchte, ist ein Klassiker: Das Belbin Rollenmodell. Benannt nach Meredith Belbin[1], der dazu in den 80er Jahren am Henley College geforscht hat. Der Belbin Selbsteinschätzungsbogen steht online zur Verfügung[2].

---

[1] https://www.belbin.com/about/dr-meredith-belbin

[2] https://docplayer.org/43691276-Teamrollen-nach-belbin-selbsteinschaetzung.html

© Der/die Autor(en), exklusiv lizenziert an Springer Fachmedien Wiesbaden GmbH, ein Teil von Springer Nature 2022
A. Mahlstedt, *Die Toolbox für die Teamentwicklung,* essentials,
https://doi.org/10.1007/978-3-658-37446-4_2

Trotz seines Alters wird das Modell immer noch zu Reflexionszwecken eingesetzt und bietet einen guten Überblick.

Belbin hat das Verhalten seiner Studenten in verschiedensten Situationen und im Miteinander beobachtet und daraus unterschiedliche Verhaltensmuster abgeleitet. Diese hat er zunächst in acht Rollen beschrieben, später kam noch eine neunte Rolle dazu.

Persönlich haben wir vielfältige Präferenzen. Wir können im Team unterschiedliche Rollen einnehmen, je nach Bedarf und Besetzung.

Ein Team kann umso erfolgreicher agieren, je mehr der Teamrollen besetzt sind. Im Umkehrschluss heißt das allerdings nicht, dass ein Team keinen Erfolg haben kann, wenn eine Rolle unterrepräsentiert ist. Das Team sollte sich nur über das Fehlen dieser Qualität und dessen Auswirkungen bewusst sein, um dieses Fehlen idealerweise zu heilen. Im Idealfall betrachte ich bei der Neubesetzung eines Teams nicht nur die Fachlichkeit, sondern auch die Verhaltenspräferenz für noch nicht im Team besetzte Rollen.

Jeder von uns kann zwei bis drei Teamrollen besetzen. Mit diesen Teamrollen sind sowohl natürliche Stärken als auch zulässige Schwächen verbunden. Belbin spricht konkret von „zulässigen Schwächen", nicht von Entwicklungsbereichen. Er beschreibt sehr nachvollziehbar, dass sehr ausgeprägte Stärken im Gegenpol zu zulässigen Schwächen führen. Natürlich ist es für das Team wichtig und hilfreich zu wissen, welche Erwartungen sie an welche Rolle stellen können, und welche auch eher nicht. Zu wissen, welche Rollen welche Erwartungen bedienen können, ist für eine gelungene Interaktion wichtig. Nur so kann es zu echten Synergien im Team kommen.

Im nächsten Abschnitt werden wir uns die Rollen genauer ansehen. Abb. 2.1, 2.2 und 2.3.

▶ **Das Belbin Konzept**

- Belbin diagnostizierte neun verschiedene Rollen, die in erfolgreichen Teams vertreten sind
- Jede Einzelperson hat dabei eine geübte Präferenz für zwei bis drei Rollen, die sie immer wieder einnimmt
- Alle Teamrollen stehen gleichberechtigt nebeneinander
- Ein erfolgreiches Team braucht mindestens fünf verschiedene Rollen, die vom jeweiligen Ziel und der Aufgabe für die Gruppe abhängen

## 2.2 Handlungs-, kommunikations- und wissensorientierte Rollen

Für die neuen Rollen, die Belbin bei seinen Studien abgeleitet hat, nutzt er Oberbegriffe. Er hat folgende Cluster definiert:

▶ **Definition**
3 kommunikationsorientierte Rollen

- Koordinator
- Teamarbeiter
- Weichensteller/Wegbereiter

3 wissensorientierte Rollen

- Neuerer
- Beobachter
- (Spezialist) -diese Rolle kam später hinzu und ist nicht im Fragebogen berücksichtigt

3 handlungsorientierte Rollen:

- Macher
- Umsetzer
- Perfektionist

Kommunikationsorientierte Rollen
Bei allen drei kommunikationsorientierten Rollen ist diese Kompetenz in einem besonders hohen Maß ausgeprägt.

Der Wegbereiter baut Brücken und räumt dem Team Hürden aus dem Weg, indem er für die Vernetzung sorgt. Ihm wird schnell langweilig. Wie so oft, kann mich eine sehr ausgeprägte Stärke in einem bestimmten Umfeld auch hindern. Genauso ist es hier. Fehlt dem Wegbereiter der Impuls von außen, und es sind keine Hürden aus dem Weg zu räumen, dann wendet er sich schnell neuen Aufgaben zu.

## Belbin Teamrollen:
## kommunikationsorientierte Rollen

| Teamrolle | | Rollenbeitrag | Charakteristika | Zulässige/unzulässige Schwächen |
|---|---|---|---|---|
| | Wegbereiter (WB) | entwickelt Kontakte und erforscht Möglichkeiten | kommunikativ/ extrovertiert | oft zu optimistisch, verliert Interesse nach Anfangsbegeisterung, kann Absprachen vernachlässigen |
| | Koordinator (KO) | fördert Entscheidungsprozesse, erkennt Talente, delegiert wirksam | selbstsicher/ vertrauensvoll | Kann als manipulativ empfunden werden, Vereinnahmung der Anerkennung für das Team |
| | Teamarbeiter (TA) | Verbessert Kommunikation, baut Reibungsverluste ab | kooperativ, diplomatisch | Unentschlossen in kritischen Situationen, vermeidet Konfrontation, Vermeidet Situationen, die Druck mit sich bringen |

**Abb. 2.1**  Kommunikationsorientierte Rollen

Es ist für die Teammitglieder hilfreich, die Einzelpräferenzen mit den jeweiligen Schwächen zu kennen, um sich darauf einzustellen und gegensteuern zu können. Zu wissen, was einzelne Teammitglieder leisten können und was nicht in ihrem Repertoire liegt, ist hilfreich und wichtig.

Der Teamarbeiter oder Teambuilder ist die zweite kommunikative Rolle im Belbin Konzept. Fehlt diese im Team, dann merkt man das sofort an der Stimmung, die im Team herrscht. Dann ist niemand da, der für den „Teamkitt" sorgt. Niemand, der dafür sorgt, dass es jedem Einzelnen im Team gut geht und er oder sie sich wirklich wohl und willkommen fühlt. Der Teamarbeiter stellt das soziale Miteinander über das fachliche „Ziele erreichen" und sorgt so dafür, dass auch schwierige Phasen gut miteinander überstanden werden können. Allerdings kann er sich oft schlecht entscheiden. Insbesondere in Konfliktsituationen ist sein Harmoniebestreben so hoch, dass er Konflikte eher vermeidet als sie zu klären.

Der Koordinator kennt die Stärken und Schwächen im Team und weiß genau, wie er jedes Teammitglied am besten einsetzen kann. Die Kontrolle abzugeben, fällt dieser Rolle eher schwer. Sehr hartnäckig verfolgt der Koordinator seinen Einsatzplan, ohne dabei zugunsten kreativer Elemente von seinen Ideen abzurücken. Für die Kreativität im Team sind andere Rollenmitglieder zuständig. Dazu gleich mehr.

# Belbin Teamrollen:
# wissensorientierte Rollen

| Teamrolle | Rollenbeitrag | Charakteristika | Zulässige/unzulässige Schwächen |
|-----------|---------------|-----------------|--------------------------------|
| Neuerer (NE) | bringt neue Ideen ein, kreativ, phanatsievoll | unorthodoxes Denken | oft gedankenverloren, Ignoriert Nebensächlichkeiten Beharrt auf eigenen Ideen |
| Beobachter (BO) | Kritisches umfassendes Urteil bei Bewertung von Lösungsvorschlägen | besonnen | langsam in Entscheidungen, oft wenig inspirierend Zynismus |
| Spezialist (SP) | Verfügt über tiefgreifende Kenntnisse über ein für das Team wichtiges Schlüsselgebiet | Engagiert und dem Fachwissen zugewandt | Tendenz, sich nur auf sein eigenes Thema zu konzentrieren Ignoriert Dinge außerhalb des eigenen Kompetenzbereichs |

**Abb. 2.2**  Wissensorientierte Rollen

### Wissensorientierte Rollen

Der Neuerer ist der kreative Kopf. Er erschafft oft ein wahres Feuerwerk an neuen Ideen und Innovationen. Somit ist er insbesondere wirksam in der ersten Phase von neuen Projekten. Wenn das Brainstorming beginnt um Probleme zu lösen. Der Neuerer hat keine Hürden im Kopf, er denkt über Hürden hinweg. Er erwartet aber auch, dass andere seine Ideen gutheißen. Wenn pragmatische Einwände oder Bedenken genannt werden, ignoriert er diese gern.

Der Beobachter schaut genau hin und hält sich zunächst einmal mit seiner eigenen Meinung zurück. Er ist ein guter Problemanalytiker und wägt Pro und Contra fundiert ab. Als guter Analytiker kann er die vielfältigen Argumente genau auflisten und im Nachgang eine fundierte Empfehlung geben. Nur fehlt ihm bei der Vermittlung oft die Inspiration in der Kommunikation. Zahlen, Daten, Fakten sind sein Metier, gern sehr detailliert und sachlich, sodass manche Zuhörer nicht immer folgen können oder wollen.

Der Spezialist ist ebenfalls eine wissensorientierte Rolle, die in eine ähnliche Richtung geht. Er ist bis ins kleinste Detail in seinem Fachgebiet auskunftsfähig, aber darüber hinaus oftmals weder an anderen Themengebieten noch an dem Menschen an sich stark interessiert.

### Handlungsorientierte Rollen

## Belbin Teamrollen :
## handlungsorientierte Rollen

| Teamrolle | Rollenbeitrag | Charakteristika | Zulässige/unzulässige Schwächen |
|---|---|---|---|
| Umsetzer (UM) | Setzt Pläne in die Tat um, organisiert die Arbeit, die getan werden muss | diszipliniert, verlässlich, effektiv, praktisch | Unflexibel, langsam in der Reaktion auf neue Möglichkeiten, Kann Veränderungen blockieren |
| Perfektionist (PF) | vermeidet Fehler, stellt optimale Ergebnisse sicher | gewissenhaft, pünktlich, manchmal ängstlich | überängstlich, delegiert ungern, kann fanatisch sein und Ängste auf das Team übertragen |
| Macher (MA) | hat Mut, Hindernisse zu überwinden | dynamisch, arbeitet gut unter Druck, herausfordernd | ungeduldig, neigt zu Provokationen, kann Gefühle Anderer verletzen |

**Abb. 2.3**  Handlungsorientierte Rollen

## 2.3    Die Rollen in der Praxis

Die Profile der Teamrollen können in der Praxis ganz hervorragend für die eigene Reflexion und die Reflexion des Miteinanders im Team genutzt werden. Ein reifes Team kennt die unterschiedlichen Stärken, Schwächen und Bedürfnisse eines jeden einzelnen Mitglieds.

Ein Abgleich zwischen Selbst- und Fremdbild ist dabei ein erster Schritt, um in den Austausch zu kommen. Je kleiner die Kluft zwischen der Selbsteinschätzung und der Fremdeinschätzung, desto erfolgreicher ist das Team. Wenn ich weiß, was mein Gegenüber braucht, und was ich selbst brauche, um wirksam zu sein, dann bin ich handlungsfähig. Doch damit sich jeder Einzelne öffnen kann, wird Grundvertrauen benötigt. Mit Fragen wie

- Welche Rolle nehme ich gern ein und warum?
- Was liegt mir besonders?
- Welche Themen fressen meine Energien?
- Welches Umfeld benötige ich, um besonders wirksam zu sein?

kann ich einen fruchtbaren und mehrwertstiftenden Austausch ermöglichen.

Auch für die Besetzung meiner Stellvertreterrolle kann ich mir als Führungskraft bewusst ein Pendant holen, das andere Rollen besetzt als ich. Dies kommt der Teamführung in jedem Fall zugute. Wenn ich z. B. die handlungsorientierten Rollen präferiere, dann suche ich mir im Idealfall jemanden, der die wissensorientierten oder kommunikationsorientierten Rollen bespielen kann.

Als Führungskraft kann ich dieses Wissen zusätzlich bei der Nachbesetzung von Stellen nutzen. Unabhängig von der Fachexpertise könnte ich mich dann im Idealfall von der Frage leiten lassen „Welche Rollen sind in meinem Team noch nicht ausreichend besetzt?". Natürlich haben wir häufig nicht die Wahlfreiheit, um uns diese Fragen zu stellen, trotzdem sollte sie im Hinterkopf bei jeder Nachbesetzung mitlaufen.

Im Idealfall kann ich bei der Nachbesetzung jemanden suchen, der neben der Fachexpertise auch mit seinen Verhaltensmustern und mit seinen Werten ins Team passt und das Team ergänzt. Dies im Auswahlinterview herauszufiltern ist das Optimum.

## 2.4 Neuere Entwicklungen

Wie jedes Modell hat auch das Belbin Modell seine Grenzen. Belbin hat sehr genau die unterschiedlichen Persönlichkeiten im Team und deren Beitrag analysiert. Doch nur selten können wir bei der Besetzung eines neuen Teams unabhängig von der Fachexpertise auch auf die Teamrolle schauen. Auch die Frage, wie die Rollen untereinander harmonieren und welche Spannungsfelder vermieden werden sollten, hat Belbin nur in aller Kürze beleuchtet. Spannungsfelder können auftreten, weil unterschiedliche Herangehensweisen präferiert werden, unterschiedliche Werte im Vordergrund stehen oder unterschiedlicher Kommunikationsbedarf herrscht. Durch diese Unterschiedlichkeit kann die Chemie und das Miteinander im Team nachhaltig gestört sein.

Aus diesem Grund möchte ich an dieser Stelle ein zusätzliches Modell vorstellen Abb. 2.4, das eine systemische Betrachtungsweise in den Vordergrund stellt: Das Modell von Profile Dynamics, das sich mit den Werten und Antriebsmustern von Menschen beschäftigt. Das Modell geht auf die Gedanken von Clare W. Graves zurück, der sich im Rahmen des Modells von Spiral Dynamics damit auseinandergesetzt hat, wie sich Kulturen und Organisationen weiterentwickeln.

Profile Dynamics bewertet die Werte und Antriebsmuster nicht, sondern die Werte werden gleichrangig behandelt. Abb. 2.5.

Die Fragen „Was gibt jedem Teammitglied Energie?" und „Welche Energiefresser hat jeder Einzelne?" stehen im Fokus. Erkenntnisse, die jeder von jedem

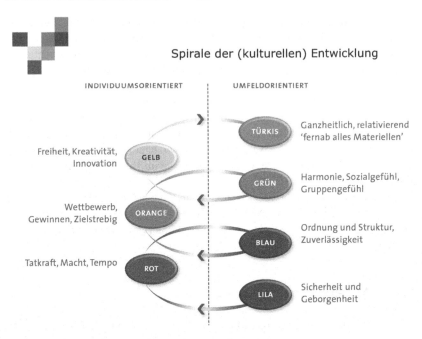

**Abb. 2.4**  Spirale der kulturellen Entwicklung

Teammitglied und natürlich auch jeder Einzelne über sich selbst gewinnen sollte. Erst dann kann sich jeder vollumfänglich und bestmöglich in dem jeweiligen Umfeld einbringen. Und manchmal liegt es dann auch auf der Hand, warum jemand so ganz und gar nicht ins Teamgefüge passt und besser verabschiedet werden sollte.

### Sicherheit und Zugehörigkeit
Menschen, die diese Werte leben, müssen ihre Homebase kennen. Sie fühlen sich oftmals insbesondere in familiengeführten Unternehmen wohl. Hier erleben sie gemeinsame Rituale und starke menschliche Verbundenheit. Manchmal war schon der Großvater dort aktiv, jetzt der Vater, und natürlich macht auch der Sohn oder die Tochter in diesem Unternehmen eine Ausbildung.

### Macht
Menschen, die Macht als Wert in ihrer Skala haben, wollen Themen auch gegen Widerstand voranbringen. Solch ein Wertesystem findet sich oft in Organisationen,

Motivations-Systeme:
Jedes Wertesystem hat seine eigene "treibende" Kraft

**Abb. 2.5** Motivations-Systeme

die sehr hierarchisch strukturiert sind. Oft ist hier Macht qua Rolle definiert. Hierarchie wird respektiert und als selbstverständlich anerkannt.

Jemand mit dieser Werteausprägung würde sich eher unwohl fühlen, wenn Macht keinen Wert hat und immer wieder infrage gestellt wird.

**Struktur/Ordnung**
Menschen mit diesem Wert benötigen genau das: Struktur und Ordnung. Hieraus beziehen sie Sicherheit und Klarheit. Sie schätzen Routinen und das Wiederkehrende. Ein agiles Umfeld, Störfeuer und ständige Veränderungen werden als starke Energiefresser erlebt.

**Wettkampf**
Menschen, die sich gern mit anderen messen, sind wunderbar dort aufgehoben, wo Leistung zählt und belohnt wird. „Der Mitarbeiter des Monats" ist etwas, was von Menschen geschätzt wird, die dieses Antriebsmuster haben. Diese Menschen wünschen sich regelmäßiges Feedback, möchten dass ihre Leistung gesehen und honoriert wird. Gleichmacherei ist für diese Wertepräferenz ein echter Energiefresser.

**Harmonie**

Menschen mit einem hohen Wert der Harmonie fühlen sich zu Hause, wenn im Team Harmonie und das ausgeglichenen Miteinander großgeschrieben wird. Sie gehen sehr wertschätzend und zugewandt miteinander um und sorgen dafür, dass es allen im Team gut geht.

Ist der Wohlfühlfaktor gestört, können Menschen mit diesem Wert damit nicht umgehen. Gerade in eher macht- oder wettbewerbsorientierten Umfeldern empfinden Menschen mit dem Wert „Harmonie" ihre Energie schwinden.

**Freiheit**

Menschen mit einem hohen Freiheitsgrad benötigen ein Umfeld, in dem sie sich entfalten können. Sie halten sich nicht gern an Regeln und gehen über Grenzen hinweg. Einengende Rahmenbedingungen werden als Energiefresser erlebt.

Bin ich im Team mit jemandem zusammen, der Sicherheit und Struktur benötigt, dann muss ich das als freiheitsliebender Mensch wissen, um diese Bedürfnisstruktur zumindest in Teilen zu bedienen und nicht zu negieren.

**Sinn**

Menschen, die diesen Wert als Erstes in ihrer Werteskala nennen, wollen als Erstes die Frage nach dem Sinn ihrer Tätigkeit beantwortet haben. Sie müssen ihren Beitrag für ein größeres sinnvolles Ganzes erkennen und erleben dürfen. Ist das nicht gegeben, können sie ihre Leistung nicht entsprechend abrufen.

Es geht ihnen weniger um die nächste Gehaltserhöhung oder um mehr Macht, sondern eher darum, die Welt ein kleines bisschen besser zu machen.

Diese Werte von Profile Dynamics kann ich im Rahmen einer Selbsteinschätzung[3] in eine Reihenfolge bringen. Auch als Team ist dies möglich. Die Teamwerte gemeinsam abzuleiten ist eine gute Möglichkeit, das Team wirklich weiterzuentwickeln.

---

[3] Mehr Informationen zur kostenpflichtigen Selbsteinschätzung und zum ergänzenden Teamprofil erhalten Sie unter www.mahlstedt-tcc.de oder schreiben Sie uns bei Interesse an info@mahlstedt-tcc.de.

# Phasen der Teamentwicklung

# 3

## 3.1 Entwicklungsstufen eines Teams

Teams durchlaufen unterschiedliche Phasen auf dem Weg zur bestmöglichen Zusammenarbeit und Leistungserbringung. Diese einzelnen Phasen der Teamentwicklung wollen wir uns jetzt genauer ansehen. In welcher Phase befinden Sie sich gerade mit Ihrem Team? Sie werden jetzt Unterstützung bei der Einordnung bekommen und methodische Hinweise, um möglichst zügig in die nächste Entwicklungsstufe zu gelangen.

Gerade als Führungskraft können Sie in jeder einzelnen Phase Einfluss auf das Team nehmen, um es bei dieser Entwicklung zu begleiten. Ihre Rolle und die Tools, die Ihnen dabei helfen, ändern sich je nach Entwicklungsstadium und Bedürfnisstruktur Ihres Teams. Deshalb steht die Analyse der Phase, in der sich Ihr Team aktuell befindet, an erster Stelle, um die angemessene Methode aus dem Methodenkoffer zu holen. Die Teamreife und die aktuelle Interaktionsqualität zwischen den Teammitgliedern bestimmen dabei die Herangehensweise. Genauso entscheidend ist die Stabilität der Teambesetzung: Wenn neue Teammitglieder integriert oder verabschiedet werden müssen, benötigen Sie andere Mittel als in einer Phase der reifen Zusammenarbeit.

Professionell gesteuerte und moderierte Reviewprozesse sind wichtige Erfolgsfaktoren auf dem Weg zur vollen Leistungserbringung und Teamreife. Für diese Reviews erhalten Sie im nächsten Kapitel die entsprechenden Strukturen und Fragetechniken.

Außerdem werde ich im letzten Teil dieses Abschnitts mithilfe der 5-C-Methode noch einmal zusätzliche grundlegende Hebel erläutern, die das Handwerkszeug der Führungskraft generell bei der Teamentwicklung komplettieren, ganz unabhängig von der jeweiligen Teamphase.

© Der/die Autor(en), exklusiv lizenziert an Springer Fachmedien Wiesbaden GmbH, ein Teil von Springer Nature 2022
A. Mahlstedt, *Die Toolbox für die Teamentwicklung,* essentials,
https://doi.org/10.1007/978-3-658-37446-4_3

Tuckman hat schon 1965[1] vier unterschiedliche Phasen der Teamentwicklung definiert. Abb. 3.1 Später hat er noch eine fünfte Phase, die Ablösungsphase (Adjourning) für Teams ergänzt, die nur temporär zusammenarbeiten. Die Ablösung erfolgt z. B. bei Projektende. Tuckman empfiehlt in dieser letzten Phase die gemeinsame Zusammenarbeit zu reflektieren, um für zukünftige Themenstellungen zu lernen.

Wir werden uns hier auf die ersten vier Phasen fokussieren.

Ein Team durchläuft unterschiedliche Stadien mit entsprechenden Herausforderungen. Nach erfolgreicher Bewältigung wird die nächste Stufe des Miteinanders erreicht, wenn die Teamzusammensetzung und die Rahmenbedingungen konstant bleiben. Ist dies nicht gegeben, können Teams in die vorherige Phase oder sogar in die Formingphase zurückfallen, bedingt durch neue Aufgaben- oder Rollenverteilungen oder sich verändernde Teamkonstellationen.

In der ersten Phase, der **Formingphase** lernt sich das Team kennen und geht in der Interaktion recht vorsichtig miteinander um. Die Rollen, Aufgaben und Bedürfnisse sind noch unklar und führen zu Unsicherheit. Konflikte werden so gut wie möglich vertagt, damit sich ein gewisses Grundvertrauen bilden kann, das für Klärungsprozesse in der nächsten Phase benötigt wird. Damit das Grundvertrauen entstehen kann, muss in dieser Phase ein Rahmen geschaffen werden, der ein echtes Kennenlernen ermöglicht.

Diese Fragen helfen dabei:

- Wie tickt der oder die Andere?
- Welche Erfahrungen und was für einen inhaltlichen Themenanspruch bringt das jeweilige Teammitglied mit?
- Welche Verantwortlichkeiten und welche Rollen möchten die einzelnen Mitglieder besetzen?

Unklarheiten werden dann in der oft eher kritischen **Stormingphase** zu klären versucht. Es kann zu verdeckten oder auch offen ausgetragenen Konflikten kommen.

---

[1] https://lehrbuch-psychologie.springer.com/sites/default/files/atoms/files/web-exkurs.008.05.pdf

# Phasen in der Teamentwicklung

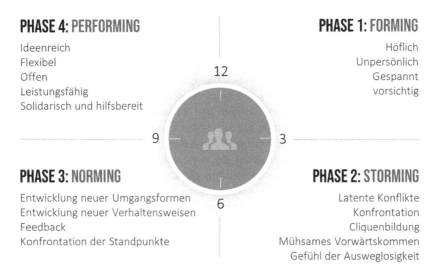

**PHASE 4: PERFORMING**

Ideenreich
Flexibel
Offen
Leistungsfähig
Solidarisch und hilfsbereit

**PHASE 1: FORMING**

Höflich
Unpersönlich
Gespannt
vorsichtig

**PHASE 3: NORMING**

Entwicklung neuer Umgangsformen
Entwicklung neuer Verhaltensweisen
Feedback
Konfrontation der Standpunkte

**PHASE 2: STORMING**

Latente Konflikte
Konfrontation
Cliquenbildung
Mühsames Vorwärtskommen
Gefühl der Ausweglosigkeit

**Abb. 3.1** Teamentwicklungsphasen nach Tuckman

Aus meinen Teamentwicklungen weiß ich, dass sich manche Teammitglieder oder auch Führungskräfte in der Stormingphase fragen, wie das Team gut durch diesen Prozess kommt. Jedes Team, das in die Performingphase kommen möchte, muss diese Phase durchlaufen. In dieser Zeit können sich Teilgruppen bilden, begleitet von Vorbehalten gegen die jeweils andere „Partei". Für mich ist diese Phase vergleichbar mit der kindlichen Trotzphase. Die Psychologie bestätigt uns, dass kleine Kinder diese Phase nur durchlaufen, wenn sie sich gut gebunden fühlen, und ein Urvertrauen ausgebildet haben.

Auch bei Teams kann man dieses Verhalten beobachten. Haben die vertrauensbildenden Maßnahmen der ersten Phase noch nicht ausreichend gegriffen, wird die Stormingphase immer wieder „vertagt" und das Team fällt zurück in die erste Phase des Formings. Konflikte auszutragen scheint noch nicht sicher, da die erste Phase noch nicht abgeschlossen ist.

Als Führungskraft sollte ich die Stormingphase daher willkommen heißen und die Rolle des Prozessmoderators, der für Klärungshilfe sorgt, annehmen.

Durch Klärung wird das Vertrauen gefestigt. Haben Sie nicht auch schon die Erfahrung gemacht, dass nach einem erfolgreich ausgetragenen Konflikt die Bindung danach noch stärker ist?

Erst nach Klärung des Konfliktpotenzials kann das Team dann in die dritte Phase, die **Normingphase** eintreten. In dieser Phase halten wir an dem Rahmen, den wir in der Stormingphase mühsam ausgehandelt haben, grundsätzlich fest.

Wie der Name es beschreibt, werden in dieser Phase neue Normen und Vereinbarungen getroffen, so wie z. B. Abstimmungsrituale, Meetingformen oder Vertretungsregelungen. Das ist die Grundlage, die dem Team Sicherheit gibt für das Miteinander. Wenn Verantwortlichkeiten und Rahmenbedingungen geklärt sind, muss sich das Team nicht länger mit sich selbst beschäftigen, sondern kann sich seiner eigentlichen inhaltlichen Aufgabe zuwenden.

In der **Performingphase** profitiert das Team von dieser Grundlage. Hier wird die Leistung abgerufen, die das Team erbringen kann. Es verliert keine Zeit mehr mit internen Unklarheiten oder Synergieverlusten. Jetzt ist das Team ein Team und auch im Außen als ein solches erlebbar.

Die Mitglieder unterstützen sich gegenseitig, auch gegen Widerstand, und sie stehen füreinander ein. Die Teammitglieder haben bereits die beruhigende Erfahrung gemacht, dass sie sich aufeinander verlassen können. Sie kennen ihre Stärken und Entwicklungsbereiche, ihren Mehrwert und ihre Energiefresser.

Wenn innerhalb einer Phase ein neues Teammitglied integriert werden darf, dann durchläuft das Team wieder jede Phase. Meist allerdings sehr viel kürzer, weil nicht alle Themen neu verhandelt werden müssen.

Welche Rolle der Führungskraft bei der Begleitung zukommt, und welche Methoden dabei hilfreich sind, dazu gleich mehr in den nächsten Sequenzen.

## 3.2  Die Rolle der Führungskraft

Durch die Annahme unterschiedlicher Rollen kann die Führungskraft das Team auf dem Weg zur Performance unterstützen. Abb. 3.2.

In der **Formingphase** sollte die Führungskraft Orientierung geben. Sie übernimmt die Verantwortung für die anfängliche Gestaltung des Miteinanders.

Es geht darum, Mitgebrachtes auszupacken, sich wirklich kennenzulernen und ein Gefühl für die Stärken und Schwächen des jeweils anderen zu bekommen. Inhaltlich ist eine erste Orientierung über Zielvereinbarungen möglich.

Diese Fragen helfen dabei:

- Wie wollen wir als Team wahrgenommen werden?
- Wofür stehen wir und wofür auch nicht?
- Welchen Mehrwert können wir leisten?
- Welche Teamziele wollen wir erreichen?
- Wie zahlen unsere Teamziele auf die strategischen Ziele ein?

In der **Stormingphase** übernimmt die Führungskraft die Rolle eines Coaches oder Moderators, der über Reflexion des Miteinanders für Klärung sorgt. Unausgesprochenes muss besprechbar gemacht werden. Die Unterschiedlichkeit, die sich dann oft in der Bewertung und in der Herangehensweise zeigt, sollte als Wert von der Führungskraft sichtbar und erlebbar gemacht werden. War die Führungskraft in der ersten Phase eher noch vorsichtig mit klärendem Feedback, darf sie in der Stormingphase durch Vorbild eine Feedbackkultur etablieren. Genau diese verhilft zur sachlichen Konfliktklärung. Je schneller das Team dies erlernt hat, desto schneller kann es in die nächste Phase eintreten.

In der dritten Phase des **Normings** unterstützt die Führungskraft dabei, Normen und Regeln fest zu vereinbaren und sorgt durch die Einhaltung für die Sicherung der Nachhaltigkeit. Gerade die Sicherung der Nachhaltigkeit durch Dokumentation und Verschriftlichung sorgt für Synergien und Vermeidung von neuen Reibungsverlusten. In dieser Phase ist dann idealerweise geklärt

- Wer welche Rollen übernimmt
- Wer welche Aufgaben, Verantwortlichkeiten und Vertretungen übernimmt
- Wer welchen Zielbeitrag zu leisten hat und woran der gemessen wird
- Wie das Schnittstellenmanagement läuft
- In welchem Rahmen Konflikte geklärt werden können
- Welche Formate es für den Teamaustausch gibt
- Wie und in welcher Form Vereinbarungen und Ergebnisse dokumentiert werden sollen
- Welche Regeln und Rituale es für Teammeetings gibt
- Wie jeder für den „Teamkitt" sogen kann, und wie genau der im jeweiligen Team erlebbar ist

In der **Performingphase** kann sich die Führungskraft zurückziehen. Durch Delegation wird dem Team eine möglichst hohe Selbststeuerung ermöglicht. Die Verstärkung der positiven Leistung sollte im Fokus stehen.

Wenn ein Projektteam in die Trennungsphase eintritt, kann der Projektleiter für Abschieds- und Reflexionsrituale sorgen. Das klassische „Lessons learned" am Ende eines Projekts ist solch ein Format. Gerade im agilen Umfeld, in dem

# Führungsaufgaben in den Teamentwicklungsphasen

## [1] FORMING

- Orientierung schaffen
- Autorität und Verantwortung wahrnehmen
- Scheu und Zurückhaltung akzeptieren
- "Mitgebrachtes" auspacken
- Ziele definieren
- Konflikte verschieben
- Feedback vermeiden
- Zeiten einhalten

## [2] STORMING

- Störungen und Konflikte angehen
- Womöglich klären, Unterschiedlichkeit begrüßen
- Standpunkte transparent machen,
- Umschreibend/ aktiv zuhören
- Ein Sprecher zur Zeit
- Themenspeicher,
- Allparteilichkeit
- Verkraftbarkeit im Auge behalten

## [3] NORMING

- Moderator Spielregeln suchen und verabreden
- Kompromisse vorschlagen
- Gemeinsamkeiten finden, Konsens suchen
- Aufgaben klar/ neu definieren
- Unterstützen
- Rolle in Gruppe finden
- Feedback geben/ einholen

## [4] PERFORMING

- Zurückhalten, jetzt ist die Gruppe dran
- Bei Fragen oder Anliegen zur Verfügung stehen
- Offen bleiben für Rückschritte
- Reforming, wenn nötig, einleiten

**Abb. 3.2** Führungsaufgaben in den Teamentwicklungsphasen

sich immer wieder befristet neue Teamkonstellationen finden, wird diese Prozesskompetenz für Führungskräfte immer wichtiger. Wie genau diese strukturell angeboten und moderiert werden können, betrachten wir im nächsten Kapitel im Zusammenhang mit den Reviewprozessen.

## 3.3 Methoden zur Unterstützung der Teamentwicklung

Je besser ein Team durch die unterschiedlichen Phasen der Teamentwicklung begleitet wird, desto schneller erreicht es meist die Performingphase. Dafür hilfreiche Tools und Methoden möchte ich jetzt nachfolgend erläutern.

**Methoden für die Formingphase**
Damit die Teammitglieder sich in dieser ersten Phase besser kennenlernen, ist die Methode der „Stimmungsbilder" empfehlenswert. Zum Auftakt von Teammeetings oder Projekttreffen können Skalenabfragen (z. B. auf einer Zehnerskala) genutzt werden, um die aktuelle Tagesstimmung jedes Einzelnen einzufangen. Diese Technik eignet sich auch, um die aktuelle Zufriedenheit mit Rahmenbedingungen wie der Aufgabenverteilung, den Verantwortlichkeiten, den Ressourcen, und/oder dem Informationsaustausch zu erfragen. In kleinen Teams nennen die Teilnehmer zum Auftakt kurz die von ihnen gewählte Zahl mit ein bis zwei Sätzen der Erläuterung. In großen Teams oder Projektgruppen können diese Skalen auch auf einem Whiteboard zum Auftakt visualisiert und in anonymisierter Form bepunktet werden.

Je nach Unternehmens- und Teamkultur können auch eher spielerische Elemente eingesetzt werden, um ein persönliches Kennenlernen zu vertiefen. Ich kenne Teams, die mit folgendem Ritual gute Erfahrungen gemacht haben:

Immer, wenn ein neues Teammitglied willkommen geheißen werden darf, bringen alle Mitglieder zu einem der ersten gemeinsamen Meetings Kinderbilder mit und erzählen dazu eine persönliche Geschichte.

Fachlich geht es in dieser ersten Phase neben dem Kennenlernen auch darum, Ziele gemeinsam zu vereinbaren, und erste Umsetzungsmöglichkeiten zur Zielerreichung zu diskutieren. Mit Hilfe des klassischen Brainstormings kann dies gut gelingen, insbesondere wenn die Regeln „Quantität vor Qualität", und „erst sammeln, dann bewerten" eingehalten werden. Trotzdem haben wir sicher alle schon einmal erlebt, dass im Brainstorming sich eher die Dominanten Gehör verschaffen, und die Stilleren ihre Ideen meist weniger durchsetzen können.

Gerade für Teams mit einzelnen dominanten Persönlichkeiten eignet sich die Brainwriting Methode ganz hervorragend. Die Brainwriting Methode wird in der Literatur auch 635-Methode genannt. 635-Methode deshalb, weil ich methodisch mit sechs Mitgliedern im Team fünf Runden zu einem Thema drehe. Dazu mehr im nächsten Kapitel, wenn es um die Anwendung der Kreativitätsmethoden geht.

**Methoden für die Stormingphase**
In dieser Phase habe ich gute Erfahrungen mit Offsites gemacht. Dabei wird das Team aus dem gewohnten Umfeld rausgeholt, um eine Bestandsaufnahme zu machen und die Teamhygiene zu pflegen. Idealerweise trifft sich das Team mindestens für einen Tag außerhalb des Unternehmens und redet über die Themen, die sie gerade bewegen. Wenn Outdooraktivitäten in diesem Rahmen möglich sind, ist das förderlich. Gerade schwierige Feedbackgespräche lassen sich leichter führen, wenn wir in Bewegung sind, wie z. B. bei einem Spaziergang in der Natur.

Verläuft die Stormingphase wirklich stürmisch, ist es sinnvoll, einen externen Moderator dazuzuholen, um kritische Themen anzusprechen und nachhaltige Vereinbarungen zu treffen.

Bei einem moderateren Teamentwicklungsprozess kann auch die Führungskraft selbst solch ein Offsite moderieren. Bereits im Vorfeld sollten mit dem Team Ziel, Nutzen und Vorgehen für diese Veranstaltung abgestimmt werden. Im Rahmen des Offsites sollte es nicht nur um die fachlichen Themen gehen, sondern insbesondere um die weichen Teamerfolgsfaktoren. Zu diesen Faktoren kann gegenseitig Feedback gegeben werden. Also konkret zu den Fragen, wie

- Wie erleben wir unser Miteinander?
- Wie zufrieden sind wir mit unserer Informations- und Kommunikationskultur?
- Wie erleben wir unser Schnittstellenmanagement?
- Wie erleben wir die Führung im Team?
- Wie klar sind Verantwortlichkeiten und Rollen?
- Wie ist der Workload?
- Wird die Aufgabenverteilung als „gerecht" empfunden?
- Was gibt uns im Team Energie?
- Was nimmt uns im Team Energie?

Nach der Struktur

- Wovon mehr?
- Wovon weniger?
- Was beibehalten?

kann zusätzlich ein gegenseitiger Feedbackprozess angestoßen werden. Feedback ist eine hohe Kunst, die oft unterschätzt wird. Dabei hilft die 3-W-Methode

▶ Die 3-W-Methode ermöglicht wirksames Feedback

W wie Wahrnehmung
W wie Wirkung
W wie Wunsch

Zunächst gebe ich konkrete Beispiele und äußere meine Wahrnehmung über die Situation. Danach erst beschreibe ich die Wirkung, die das Verhalten auf mich hat und äußere im dritten Schritt dann den Wunsch, den ich in Bezug auf eine Veränderung habe. Dadurch entkoppele ich die Bewertung und begegne meinem Gesprächspartner auf Augenhöhe. Die Chance, dass der Partner das Gehörte auch wirklich annehmen kann, ohne dabei in die Rechtfertigung zu gehen, steigt deutlich. Bei sehr schwierigen Themen oder offenen Konflikten kann es für solche Feedbacksessions durchaus sinnvoll sein, diese Kommunikationsregeln im Vorfeld noch einmal zu erläutern und sich auf Redezeiten jedes Einzelnen zu verständigen, in denen er nicht unterbrochen wird.

Eine kleine Übung, die das in schriftlicher Form ermöglicht, ist folgende: Jeder Teilnehmer darf einen Zettel auf seinen Stuhl legen mit seinem Namen. Das Blatt wird in zwei Spalten unterteilt. Auf der linken Seite steht „Was ich an Dir schätze" und auf der rechten Seite „Was ich mir von Dir wünsche".

Dann bekommt jedes Teammitglied von jedem Teilnehmer schriftliches Feedback, bei dem idealerweise beide Spalten gefüllt werden. Diese Übung ist häufig recht emotional und stärkt das Team immens. Ist schon eine gute Vertrauensbasis gelegt, darf jeder Teilnehmer am Ende des Feedbackprozesses die zwei bis drei Äußerungen im Gesamtteam kommunizieren, die ihn oder sie besonders berührt oder erstaunt haben.

**Methoden für die Normingphase**
Auf Basis der Offsiteergebnisse, die dann idealerweise eine zeitlang in der Praxis erprobt worden sind, kann in der Normingphase eine Teamcharta erstellt werden. Hier werden z. B. die Verantwortlichkeiten, die Normen und Regeln des Miteinanders und die Meetingkultur festgelegt.

Sprich, wie oft sollen unsere Meetings stattfinden, mit welcher Struktur und mit welcher Agenda? Wie sorgen wir für Vertretung und wie unterstützen wir uns gegenseitig?

**Methoden für die Performingphase**

In dieser leistungsstärksten Phase sollten sich die Führungskräfte idealerweise zurückziehen. Delegation und Reflexion der Teamleistung sind Fokusthemen. Die Reflexion darüber, wie es jedem einzelnen Mitglied des Teams geht, sollte immer selbstverständlicher Teil der Regel-Jour-Fixes sein.

Bei reifen Teams sollten die Führungskräfte nicht allein einschätzen, was in welcher Form an welches Teammitglied delegiert wird. Agile Teams nutzen regelmäßig den Delegationspoker, um gemeinsam über diese Fragen zu entscheiden. Delegationspokerkarten können entweder als Kartenspiel bestellt werden, oder das Team nutzt selbstgestaltete Karten:

Auf den sieben Karten, die entsprechend nummeriert sind, werden ganz unterschiedliche Formen der Delegation abgebildet Abb. 3.3: Von vollumfänglicher Delegation bis hin zu der Möglichkeit, dass die Führungskraft ganz allein entscheidet.

Das Team entscheidet beim Delegationspoker gemeinsam, welche Entscheidungssituation vorliegt. Hierbei profitiert es weniger von der inhaltlichen Ebene als von der gemeinsamen Entwicklung. Gemeinsam zu entscheiden, wie mit Entscheidungssituationen und Workload umgegangen werden soll, verhilft zu einem gemeinsamen Verständnis und stärkt das Miteinander.

Insgesamt gibt es also vier ganz unterschiedliche Phasen, die ein Team durchlaufen muss, um vollumfänglich leistungsfähig zu sein. Und die Führungskraft hat dabei vielfältige Möglichkeiten zur Unterstützung.

Die fünfte Phase, die ich schon einmal erwähnt habe, ist die Phase des Abschiednehmens. Auch dabei helfen natürlich Rituale. Rituale wie ein gemeinsames Abschlussfest, der gegenseitige Dank für die Unterstützung, der Blick auf das gemeinsam Geleistete und Erreichte. Das Positive an Ritualen ist, dass sie uns helfen, unseren Emotionen einen Raum zu geben. Gerade wir Nordeuropäer äußern ungern unsere Emotionen, insbesondere nicht im Businesskontext.

Wenn wir Teams in den unterschiedlichen Phasen durch ausgewählte Methoden gut begleiten, und die Teammitglieder positive Erfahrungen mit den einzelnen Methoden sammeln durften, dann nehmen sie dieses Erfahrungswissen oft intuitiv mit in den nächsten Teamentwicklungsprozess.

Für Führungskräfte ist das Methodenwissen für die Begleitung von Teamentwicklungen eine der Kernkompetenzen der Zukunft. Gerade in agilen Zeiten, mit immer häufiger wechselnden Teams, werden Führungskräfte benötigt, die diese Prozesse kennen und begleiten.

## Der Delegationspoker

 1. Verkünden: Ich weise an

 2. Verkaufen: Ich entscheide, aber ich versuche Euch zu überzeugen

 3. Befragen: Ich hole eure Meinung ein und entscheide dann selbst

 4. Einigen: Wir entscheiden gemeinsam

 5. Beraten: Ich gebe Empfehlungen, aber Ihr entscheidet

 6. Erkundigen: Ich erkundige mich, nachdem Ihr entschieden habt

 7. Delegieren: Ihr entscheidet allein und müsst mich nicht informieren

**Abb. 3.3** Delegationspoker

## 3.4 Führungsaufgaben im Team

Die 5 C Methode gibt einen generellen Überblick über die Hebel der Führungskraft in der Teamentwicklung.

▶ **Die 5 C Methode  C wie Cooperation**
  **C wie Coordination**
  **C wie Communication**
  **C wie Comforting**
  **C wie Conflict Resolving**

Bei **Cooperation** geht zunächst einmal darum, das Silodenken zu vermeiden. Wichtig ist, sich insbesondere mit den Schnittstellenabteilungen zu vernetzen. Team heißt also nicht „toll, ein anderer macht's", sondern „toll, wie machst du es denn anders?". Wenn wir miteinander kooperieren und uns wirklich für andere Herangehensweise interessieren und uns dazu austauschen, dann werden echte Synergien möglich. Echte Cooperation braucht ein Rollenverständnis mit den jeweils zugehörigen Stärken und Schwächen. Hierzu kann das Belbin Teamrollenmodell einen wichtigen Beitrag leisten.

Um Cooperation zu verbessern kann ich das zweite „C", die **Coordination** nutzen.

Coordination steht für den Rahmen, den ich als Führungskraft schaffe, um Informationsaustausch und Reviews so gut wie möglich zu gewährleisten. Unter dieser Überschrift sorge ich dafür, dass es keine Informationshoheiten gibt, jeder angemessen Informationszugriff hat, und Reviewprozesse sehr regelmäßig und selbstverständlich stattfinden.

Hierauf habe ich als Führungskraft ähnlich großen Einfluss wie auf das dritte „C", das für Communication steht. Es geht um die Kommunikation mit den Teammitgliedern und auch den Schnittstellenpartnern, Kunden und Auftraggebern. Ein hierfür hilfreiches Format ist die Retrospektive. Im Gegensatz zum Reviewprozess, der eher die Fachlichkeit und die Zielerreichung reflektiert, wird bei der Retrospektive das Miteinander im Team in den Mittelpunkt gestellt. Regelmäßige Retrospektiven sorgen dafür, dass Feedback eine Selbstverständlichkeit wird, und die Kommunikationskultur gestärkt wird.

Aus meiner eigenen Praxis weiß ich, dass es gerade in einem Hochleistungsteam eine Gefahr sein kann, die Kommunikation zu den Kunden und Schnittstellenpartnern aus den Augen zu verlieren.

Auch wenn es zu Beginn eine Auftragsklärung gegeben hat, wurde möglicherweise die Kommunikation mit dem Kunden bis zum Liefertermin vernachlässigt, weil das Team mit der Leistungserbringung intern vollumfänglich zufrieden war. Solche Fälle können durch die Design Thinking Methode vermieden werden. Diese agile Methode empfiehlt, so früh wie möglich den Kunden in den Reviewprozessen zu integrieren. Direkt nach der Auftragsklärung wird mit der Erstellung eines Prototypen begonnen, der dann in enger Kundenabstimmung immer wieder angepasst wird. Dieser Prototyp ist noch nicht ausgereift! Gerade die sehr strukturierte und wiederkehrende Interaktion mit dem Kunden sorgt dafür, dass Nachjustierung im Sinne des Kunden sehr zeitnah erfolgen kann.

Das vierte „C" steht für **Comforting**. Das heißt nichts anderes, als alles dafür zu tun, dass sich die Teammitglieder wohlfühlen. Wenn ich mich als Mitarbeiter mit meinen Stärken am richtigen Ort eingesetzt und gesehen fühle, dann fühle ich mich emotional gebunden. Emotional gebundene Menschen bleiben mit einer bis zu sechzig Prozent höheren Wahrscheinlichkeit bei diesem Team. Das ist doch eine gute Nachricht in Zeiten der Fluktuation und des Fachkräftemangels.

Das fünfte „C" schafft die Basis für Klärung. **Conflictresolving** ist nicht nur in der zweiten Teamentwicklungsphase des „Stormings" notwendig, sondern immer dann, wenn unterschiedliche Einschätzungen und Herangehensweisen im Raum stehen.

Handlungsbedarf entsteht, wenn sich Untergruppen bilden oder sich die Stimmung im Team ändert. Wenn ich als Führungskraft diesen Handlungsbedarf erkenne, ist es zunächst wichtig, mir über meine Rolle in der Klärung bewusst zu werden. Geleitet von der Fragestellung „Ist mir bei diesem Thema eine neutrale Haltung möglich?". Nur wenn ich diese Frage positiv beantworte, kann ich die Beteiligten durch eine Konfliktmoderation unterstützen. Ist diese neutrale Haltung nicht gegeben, dann liegt nicht der Bedarf für eine Konfliktmoderation vor, sondern eine klassische Führungsaufgabe, die ich bisher nicht in vollem Umfang wahrgenommen habe.

Ein Team, das eine gute Konfliktlösungskompetenz hat, hat eine hervorragende Grundlage auf dem Weg zum high-performing Team. Teams, die ungeklärtes Konfliktpotenzial tolerieren, zahlen oftmals den Preis der gestörten Beziehungsebene. Sachkonflikte sind häufig getarnte Beziehungskonflikte, wenn die gemeinsame Lösung zu lange auf sich warten lässt. Es dazu gar nicht erst kommen zu lassen, gelingt mit dem Format der „Suck[2] Sessions". Geben Sie Ihrem Team regelmäßig die Chance, sich über Themen auszutauschen, die Energiefresser sind. Möglichst in entspannter Atmosphäre und regelmäßig, damit solch ein Format nicht erst durchgeführt wird, wenn die Themen schon manifestiert sind. Um eine wirkliche Konfliktklärungskultur zu etablieren, werden Regelmäßigkeit und positive Erfahrungswerte benötigt.

Google hat dazu im Rahmen des Aristoteles Projekts[3] die erfolgreichsten Teams befragt, was sie anders machen als andere Teams.

Die Ergebnisse sind so einfach wie klar und bestätigen noch einmal die 5 C Methode auf sehr eindrückliche Weise. In 180 Teambefragungen haben sich folgende Kriterien herauskristallisiert:

1. Psychologische Sicherheit: Das Team kann Risiken eingehen, ohne sich unsicher zu fühlen
2. Verlässlichkeit: Alle Teammitglieder können sich darauf verlassen, dass jeder seine Arbeit pünktlich und gut erledigt
3. Struktur und Klarheit: Rollen, Ziele und Aufgabenverteilungen im Team sind klar definiert
4. Sinn: Die Aufgabeninhalte sind für jeden Einzelnen im Team sinnstiftend
5. Einfluss der Arbeit: Die Bedeutung der Aufgabeninhalte wird vom Team erlebt und von extern geschätzt

---

[2] „Suck", englisch für „aussaugen".

[3] https://sz-magazin.sueddeutsche.de/die-loesung-fuer-alles/was-macht-ein-gutes-team-aus-86087

Gerade in Zeiten der Optimierung, Effizienzsteigerung und Digitalisierung unter-
streichen diese Ergebnisse in der Rangfolge noch einmal sehr deutlich, worauf es
wirklich ankommt. Der Begriff „psychologische Sicherheit" geht auf die Psycho-
login der Harvard Universität, Amy Edmondson, zurück. Er besagt, dass die
Basis des erfolgreichen Miteinanders das Grundvertrauen ist. Vertrauen darauf,
dass jedes Teammitglied sich sowohl verletzlich zeigen darf, Hilfe einfordern
kann oder auch kritische Themen ansprechen darf, ohne Abwertung befürchten
zu müssen. Die Basis für dieses Vertrauen zu schaffen ist insbesondere Sache der
Führung.

# Teamreviews

4

## 4.1 Nutzen des Reviewprozesses

In diesem Kapitel werden wir unterschiedliche Reviewprozesse für Teams sehr praxisnah betrachten.

Je nach Entwicklungsstand des Teams werde ich unterschiedliche Formate vorstellen, die auch von der Führungskraft selbst, ohne externen Moderator, durchgeführt werden können. Mein Ziel ist es, dass Sie als Leser oder Leserin nach dieser Lektüre eine gute Einschätzung darüber haben, wann Sie welches Format nutzen sollten und welchen Nutzen es für Sie und Ihr Team hat.

Ich unterscheide gern zwischen einer eher ganztägigen Teamentwicklungsmaßnahme, die ich nachfolgend Offsite nennen werde, einem regelmäßigen Reviewmeeting, das deutlich kürzer ist und die Fachlichkeit im Fokus hat, einer Retrospektive, bei der es um das soziale Miteinander im Team geht oder tägliche Kurzmeetings, die sogenannten Dailys. In der Tab. 4.1 auf einen Blick abgebildet.

Die in der Tabelle erwähnte Scrum-Methode, ist eine agile Methode, die Review- und Retro-Prozesse in sehr strukturierter Form einsetzt. Scrum lebt davon, dass das Team in definierten iterativen Prozessen ungestört an einem Thema arbeiten kann. Ungestört heißt, dass von Schnittstellenpartnern oder Auftraggebern keine Störfeuer kommen und der Auftrag nicht kurzfristig nachgebessert oder verändert werden kann. Hierfür sorgt der Srum-Master, der der Prozessexperte ist und das Team in diesen iterativen Phasen begleitet und Störungen abhält. Er sorgt auch dafür, dass nach jeweiligem Abschluss dieser Phasen, den Sprints, der Kunde immer wieder ins Boot geholt wird, um in den gemeinsamen Austausch zu gehen. Hier spricht man vom Review, der gemeinsam

A. Mahlstedt, *Die Toolbox für die Teamentwicklung,* essentials,
https://doi.org/10.1007/978-3-658-37446-4_4

**Tab. 4.1**  Formate und Rahmenbedingungen von Teamreviews

| Format | Dauer | Timings | Fokus | Moderation |
|--------|-------|---------|-------|------------|
| Offsite | Mind. 1 Tag | Einmal jährlich | Fachliche und strategische Themen und Themen des sozialen Miteinanders | Eher extern |
| Review | Eine Stunde | Ein- bis viermal monatlich | Fachliche Themen | Durch die Führungskraft |
| Retrospektive | Eine Stunde | Einmal monatlich oder nach Sprintabschluss oder Meilensteinerreichung in Projekten | Themen des sozialen Miteinanders | Durch die Führungskraft oder den Scrum-Master |
| Dailys | 15 min | Täglich idealerweise als Stand Up-Meeting | Fachliche Fokusthemen Workload | Durch die Führungskraft oder die Teammitglieder selbst |

die fachliche Außenabsicht betrachtet. Gemeinsam mit dem Kunden diskutiert man Fragen wie:

* Was haben wir erreicht?
* Haben wir das erreicht, was wir uns für dies Phase vorgenommen haben?
* Wie zufrieden ist der Kunde mit dem aktuellen Fortschritt?
* Wo müssen wir fachlich nachbessern?
* Was kann weggelassen werden?
* Welcher nächste Schritt steht jetzt an?

In der Retrospektive, die ebenfalls am Ende jeder iterativen Phase stehen sollte, hält das Team dagegen „Innenschau". Hier werden Fragen diskutiert wie:

* Wie läuft unsere Kommunikation?
* Wie läuft unser Austausch?
* Wie ist unsere aktuelle Auslastung?
* Wie geht es uns im Miteinander?
* Wo haben wir Reibungsverluste?

Mit größtmöglicher Offenheit kann eine echte Feedbackkultur etabliert und damit selbstverständlich werden.

Ergänzend dazu sind noch die Dailys empfehlenswert. Wie der Name es sagt, finden diese Formate idealerweise täglich als Stehung mit den anwesenden Teammitgliedern zu einem fest vereinbarten Zeitpunkt statt. Nicht länger als fünfzehn Minuten geht es darum, den Tag gemeinsam zu beginnen, sich schnell einen Überblick zu erarbeiten, wer an welchem Thema arbeitet, und wer ggf. von wem welche Unterstützung benötigt. Gerade in Zeiten des hybriden oder remote Arbeitens helfen Dailys beim Start in einen gemeinsamen Tag und zur Abstimmung. Als Strukturierungshilfe kann ein Kanban Board dienen, mit dem die wichtigsten Punkte, wie „wer macht was bis wann" und Messkriterien für alle Mitglieder, visualisiert werden.

Fragen und Struktur der Dailys:

- Woran arbeitet jeder aktuell?
- Welche Hürden kann es heute geben?
- Wo braucht jemand Unterstützung?

Viele Teams berichten, dass sich nach der Einführung von Dailys die Abstimmungsprozesse und die Mailflut deutlich reduziert haben.

Im Rahmen von Offsites nimmt sich das Team eine gemeinsame Auszeit außerhalb des gewohnten Arbeitsumfelds. Die Ziele dafür können unterschiedlich sein, je nach Teamphase und Bedürfnisstruktur der einzelnen Teammitglieder. Hier ein paar Beispiele für übergeordnete Veranstaltungsziele:

- Zusammenwachsen und besseres Kennenlernen (Formingphase)
- Konfliktklärung (Stormingphase)
- strategische Neuausrichtung (Forming- und Normingphase)
- regelmäßige Teamhygiene, Sicherung der Vertrauensbasis, Feiern von Erfolgen (Performingphase)

Um echte Qualitätszeit miteinander zu verbringen, darf auch das gesellige Miteinander Raum finden.

Für die fachlichen und die Teamthemen, die es am Tag zu besprechen gibt, teile ich im nächsten Abschnitt zwei Strukturierungshilfen, die die Moderation erleichtern.

Eine externe Begleitung empfehle ich auf jeden Fall in der Stormingphase, in der es auch um die Klärung von Konflikten gehen kann, oder wenn das Team und die Führungskraft offene Themen im Miteinander diskutieren müssen. In solchen

Fällen sind Vorgespräche mit allen Beteiligten sinnvoll, um alle für das Gelingen der Veranstaltung in die Verantwortung zu nehmen. Außerdem sind die Themen dann benannt und die Bearbeitung kann sofort im Offsite beginnen.

Alle anderen Formate sollte ich als interne Führungskraft regelmäßig moderieren und steuern. Dazu benötige ich Rollenklarheit, Sicherheit in der Moderation und Struktur. Genau diese werde ich im zweiten Teil dieses Kapitels mit Hilfe von ausgewählten Tools, die ich für die Begleitung von Teams in meiner Praxis nutze, teilen.

Auch die Frage, wie Kreativität zur Lösungsfindung genutzt werden kann, kommt nicht zu kurz. Kreativität braucht ebenfalls Struktur und ist von den Rahmenbedingungen abhängig. Jedes Teammitglied kann bei angemessener Begleitung kreativ sein.

## 4.2  Praxismodelle für Reviewprozesse

Es gibt sehr viele unterschiedliche Strukturen zur Gestaltung von Review-prozessen[1].

Je nachdem, ob wir uns eher auf das fachliche oder das soziale Miteinander konzentrieren wollen, gibt es unterschiedliche Herangehensweisen. Gerade für Teams, die solche Feedbackprozesse noch nicht als Routine etabliert haben, sollte zunächst der Prozessrahmen geklärt werden. Dabei helfen folgende Fragen:

▶ **Fragen zur Klärung des Rahmens**

- Was ist der optimale Zeitpunkt für eine Retrospektive und/oder einen Reviewprozess bei uns?
- Wieviel Zeit wollen wir uns dafür nehmen?
- Wie können wir Mitarbeitende im Homeoffice einbinden, wenn wir virtuell arbeiten?

Einfach und sehr klar strukturiert ist die Seesternstruktur Abb. 4.1:

Sie ermuntert zu einem offenen Austausch zu aktuellen Themen. Das Team ist eingeladen, offen oder verdeckt Inhalte zu sammeln, die begonnen, verstärkt oder verändert werden sollten. Nachdem entweder online oder mit einer Kartenabfrage

---

[1]Reviewprozesse verwende ich in diesem Kapitel als Oberbegriff, er schließt auch Feedbacks, Retrospektiven und Offsites mit ein.

Teamdiagnose: Seesternübung

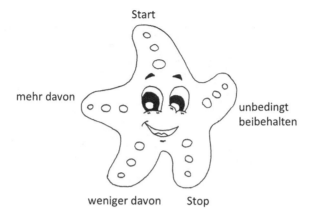

**Abb. 4.1**  Reviewstruktur 1: Der Seestern

die Inhalte gesammelt und geclustert worden sind, einigt sich das Team, welche konkreten Themen sie in die Umsetzung nehmen. Zur Sicherung der Nachhaltigkeit bietet sich auch hier wieder die Struktur eines Kanban Boards an. Nachdem die drei bis fünf wichtigsten Themen durch gemeinsame Bewertung oder Bepunktung im Team gefunden worden sind, werden diese konkretisiert und dann mit der Struktur „Wer macht was bis wann" verbindlich verabschiedet.

Ich empfehle die Durchführung quartalsweise, damit der Fortschritt erlebt und gemeinsam geschätzt wird.

Regelmäßig sollte auch der Fokus auf das Miteinander im Team gelegt werden. Bei Projektteams ist diese nach jedem Meilenstein zu empfehlen, bei agilen Teams nach jedem Sprint und bei klassischen Teams einmal im Quartal.

Konkreter und umfangreicher ist die Struktur der Teamspinne Abb. 4.2[2].

Im Vergleich zur Seesternübung benötigt das Team für die Teamspinne mehr Zeit, idealerweise einen Tag. Die Kriterien der Teamspinne orientieren sich an den Erfolgsfaktoren von Teams. Auf einer Skala von eins für „sehr wenig ausgeprägt" bis zehn für „optimal ausgeprägt" schätzt jedes Teammitglied die jeweiligen Erfolgsfaktoren ein. Auch diese Methode kann sowohl online als auch in einer Präsenzveranstaltung genutzt werden. Wichtig für ein gemeinsames Verständnis der einzelnen Faktoren ist die Definition oder Operationalisierung der Begriffe im Vorfeld.

---

[2]Copyright mahlstedt tcc.

Die Teamspinne

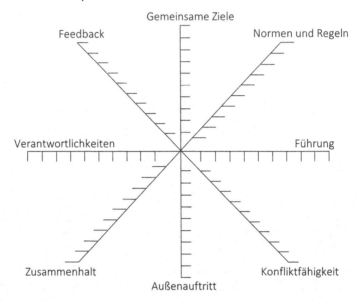

**Abb. 4.2**   Reviewstruktur 2: Die Teamspinne

▶ **Operationalisierungen der Faktoren der Teamspinne  Gemeinsame Ziele:**
Es gibt eine hohe Übereinstimmung zwischen den individuellen Zielen und
Erwartungen und den Teamzielen. Die Teammitglieder verhalten sich team-
konform.

**Normen und Regeln:**
Das Team hat ausgesprochene oder unausgesprochene Regeln und
Erwartungen, wie miteinander umgegangen wird. Die Normen werden von
allen befolgt.

**Klare Führung:**
Es ist klar festgelegt, wer das Team in welchen Situationen führt. Die Art der
Führung fördert die Leistung des Teams.

**Konfliktfähigkeit:**
Das Team sieht in Konflikten die Möglichkeit, sich auszutauschen und Veränderungen herbeizuführen. Man hört sich andere Meinungen an und versucht, sie zu verstehen.

**Außenauftritt:**
Das Team wird auch von außen als Team wahrgenommen. Die Leistung des
Teams wird anerkannt und kommuniziert. Die „Unternehmensbühnen"
werden zur Kommunikation des erbrachten Mehrwerts genutzt.

**Zusammenhalt:**
Die Teammitglieder verteidigen das Team gegen interne und externe
Störungen. Sie sind engagiert und unterstützen sich gegenseitig. Sie ver-
trauen einander.

**Verantwortlichkeiten:**
Die Verantwortlichkeiten sind klar zugeordnet und alle Teammitglieder
haben ein gleiches Verständnis von den damit verbundenen Befugnissen.
Vertretungsregelungen und Schnittstellenmanagement sind ebenfalls ein-
deutig definiert.

**Feedback:**
Eigene Wahrnehmungen werden regelmäßig ausgetauscht. Feedback wird
nicht „aufgespart", sondern erfolgt situativ. Es beschreibt und wertet nicht.

Es ist auch möglich, die Teamspinne mit anderen Erfolgskriterien zu befüllen.
Damit ein Offsite verantwortlich von jedem einzelnen Teammitglied mitgetragen
wird, ist es empfehlenswert, in Einzel- oder Teamgesprächen (ohne Führungskraft) vorab mögliche Themenwünsche und Schmerzpunkte benennen zu
lassen, die Einfluss auf die Teamspinne und somit auf die Tagesstruktur haben.
Herrscht noch keine ausreichende Vertrauensatmosphäre, gibt es Konfliktthemen
zwischen einzelnen Mitgliedern oder haben sich sogar Untergruppen gebildet,
sind in jedem Fall Einzelgespräche vorzuziehen. Der Aufwand lohnt sich, denn
am Offsitetag können die Themen sehr viel schneller benannt werden. Ich bereite
dazu anonymisierte „O-Töne" aus den Vorgesprächen vor, die ich den einzelnen
Erfolgsfaktoren zuordne. Die Schmerz- und Diskussionspunkte werden auf diese
Weise transparent.

**Abb. 4.3** Das Johari-
Fenster

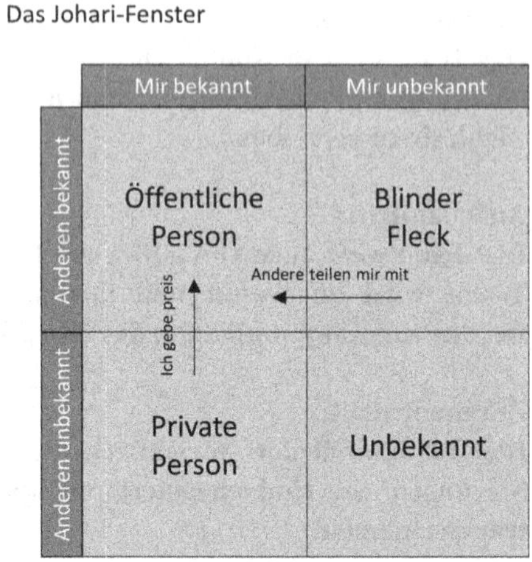

Das Johari-Fenster

|  | Mir bekannt | Mir unbekannt |
|---|---|---|
| Anderen bekannt | Öffentliche Person | Blinder Fleck |
| Anderen unbekannt | Private Person | Unbekannt |

Ich gebe preis

Andere teilen mir mit

Während der Ergebnisbesprechung sollte der Moderator oder die Führungskraft zunächst die Ressourcen des Teams würdigen. Eine vertrauensvolle Arbeitsatmosphäre wird dadurch gestärkt, dass sich das Team zunächst auf die Faktoren besinnt, die im Team gut vertreten sind. Erst dann kann sich das Team den Faktoren zuwenden, die entweder sehr unterschiedlich erlebt werden und in der Bewertung eine hohe Streuung, oder insgesamt ein niedriges Rating erfahren haben.

Im letzten Drittel des Offsites sollte der Blick auf die Nachhaltigkeitssicherung gelegt werden. Hier ist weniger mehr. Nicht alle Themen müssen gleichzeitig verfolgt werden! Legen Sie gemeinsam im Team die Prioritäten nach „Wichtigkeit"[3] und ggf. auch nach „Dringlichkeit"[4] fest. Benennen Sie Verantwortliche für die Durchführung und vereinbaren Sie eine entsprechende Deadline.

Sollten alle im Team an der Veränderung mitwirken, dann ist es sinnvoll, allgemeine Vereinbarungen zu formulieren, die in ähnlicher Form nachgehalten werden können. Zum Abschluss einigt sich das Team, wann sie ein Follow Up durchführen wollen, und wie sie Teammitglieder ins Boot holen, die am Offsite

---

[3] Wichtige Themen bringen Sie in Ihrer Zielerreichung weiter.

[4] Dringliche Themen sind zeitkritisch.

nicht teilnehmen konnten. Auch die Diskussion, ob Vorgesetzte oder Schnittstellenpartner über die Ergebnisse informiert werden sollten, lohnt sich durchaus.

▶ **Sicherung der Nachhaltigkeit**
- Welche Prioritäten wollen wir bei den to dos setzen?
- Was ist wichtig, was ist dringlich?
- Wer macht was bis wann?
- Welche zusätzlichen Vereinbarungen benötigen wir im Team?
- Wie wollen wir diese formulieren?
- Wie sichern wir die Nachhaltigkeit der Vereinbarungen?
- Wann werden wir in welcher Form ein Follow Up durchführen?
- Wie holen wir abwesende Teilnehmerinnen ins Boot?
- Sollten wir den nächsthöheren Verantwortlichen und Schnittstellenpartner über unsere Erkenntnisse informieren?

Steht ein Team noch am Anfang der gemeinsamen Entwicklung und ist in der Formingphase mit dem Kennenlernen befasst, dann eignet sich als Feedbackformat das Johari-Fenster Abb. 4.3. Auch bei erfahrenen Teams, die ihr Vertrauen vertiefen wollen, kann dieses Format in den anderen Phasen durchaus sinnvoll sein. Das Johari-Fenster ermöglicht einen Selbst- und Fremdbild-Abgleich in strukturierter Form. Die Struktur lädt ein, mehr von mir persönlich als Privatperson preiszugeben. Gleichzeitig lädt es die Teammitglieder ein, durch Feedback ihre blinden Flecken zu reduzieren.

Der persönliche blinde Fleck sind die Wahrnehmungen der anderen zu eigenen Verhaltensmustern, die einem selbst bisher nicht bekannt waren.

## 4.3 Moderation einer Teamentwicklung

Einer der wichtigsten Erfolgsfaktoren der Moderation ist die **Neutralität des Moderators.** Alle Teammitglieder sollten gleichermaßen Gehör in dem Prozess finden, das ist nur durch Allparteilichkeit sicherzustellen. Wenn die Führungskraft in der kritischen Stormingphase merkt, dass sie selbst in einen Konflikt involviert ist oder Feedback zu der Wahrnehmung der Führungsleistung erhalten möchte, bietet sich die Moderation durch einen externen Experten an.

Bei einem reifen Team in der Performingphase ist es auch denkbar, wechselnden Teammitgliedern die Moderation zu übergeben.

Ein weiterer Erfolgsfaktor ist die **Struktur.** Im vorherigen Kapitel habe ich einige Strukturierungsvorschläge gemacht, die je nach Reifegrad des Teams, verfügbarer Zeit und Themenstellung eingesetzt werden können. Doch bei aller Notwendigkeit strukturiert vorzugehen, haben Störungen Vorrang. Sollten Themen benannt werden, die zunächst nicht im Ablauf vorgesehen waren, doch von der Gruppe als wichtig und dringlich erachtet werden, dann haben sie Vorrang. Der Moderator sollte seine Struktur schnellstmöglich, in Absprache mit dem Team, anpassen. Das Vertrauen in den Prozess ist neben den Erfahrungswerten, die ein Moderator mitbringt, hilfreich.

Die **Kommunikationskompetenz** des Moderators ist ebenfalls entscheidend für einen erfolgreichen Verlauf. Durch offene und systemische Fragen, die bei den Teilnehmenden Reflexion auslösen, wird die Steuerung und die Öffnung im Prozess erleichtert. Aktives Zuhören, Unausgesprochenes zu benennen und ein hoher Grad an Empathie sind ebenso gefragt, wie den thematischen Überblick zu behalten und für eine angemessene Visualisierung zu sorgen.

Gerade für die Moderation in der kritischen Stormingphase ist der **Umgang mit Widerstand** eine wichtige Kompetenz. Die Klarheit der eigenen Rolle und die Möglichkeit des Perspektivwechsels sorgen dabei für eine angemessene Deeskalation. In der Rolle ist der Moderator als Prozessexperte gefragt, er ist zu keiner Zeit für die Problemlösung des Teams verantwortlich. Wenn Sachkonflikte auch durch lange fachliche Diskussion nicht beigelegt werden können, dann kann der Moderator die Frage stellen, „Was ist das Thema hinter dem Thema?". Sachkonflikte sind häufig getarnte Beziehungskonflikte. Erfahrene Moderatoren nehmen das wahr und sprechen verborgene Konflikte direkt an.

▶ **Erfolgsfaktoren der Moderation im Reviewprozess**
- **Allparteilichkeit:**
  Nur wenn ich neutral bin, kann ich in der Moderation den Prozess begleiten.
- **Struktur:**
  Struktur gibt Orientierung. Ich bin als Moderator für den Prozess des Reviews, und damit für die Struktur, nicht aber für das Ergebnis des Reviews verantwortlich. Diese Rollenklarheit ist Teil der Struktur. Welche Struktur für die Prozessbegleitung gewählt wird, hängt von der zur Verfügung stehenden Zeit, der Regelmäßigkeit und der Teamreife ab.
  Die Formatstruktur hilft bei der Bearbeitung der einzelnen Themen:
  – Warum ist das Thema wichtig?
    (Was ist der Sinn dahinter und welche Gefühle sind möglicherweise mit dem Thema verbunden?)

– Was genau ist das Thema?
(Welche Beispiele habe ich?)
– Wie können Lösungsvorschläge aussehen?
(Wie sehen Praxisvereinbarungen konkret aus?)
– Wozu hilft uns die Lösung langfristig?
(Wie sichern wir die Nachhaltigkeit?)
• **Kommunikationskompetenz:**
Systemische Fragen, die Reflexion auslösen
Aktives Zuhören, Zusammenfassen des Gehörten und empathische Resonanz
Pausen aushalten
• **Was ist bei Widerstand zu tun?:**
Mit dem Prozess gehen, denn Störungen haben Vorrang.
Angebote machen
„Das Thema hinter dem Thema" adressieren

Nachfolgend einige ausgewählte Deeskalationsstrategien, die für die Moderatorenrolle sehr hilfreich sein können.

▶ **Deeskalationsstrategien für den Moderator selbst**
**Offenheit, Echtheit und Klarheit der eigenen Position bewahren**
**Einfühlungsvermögen in das Problem des anderen**
**Ziel klar im Auge behalten, konsequent auf dem Pfad bleiben**
**Nicht provozieren lassen, Ruhe bewahren**
**Angriffe, Vorwürfe, Beschimpfungen vermeiden oder auffangen**
**Verschiedene Aspekte des Themas genau herausarbeiten und entsprechend ihrer Gewichtung klären**
**Für den Verlauf der Moderation verantwortlich zeigen**

**Deeskalationsstrategien für beteiligte Teammitglieder**

**Sich gedanklich auf die Seite des Gesprächspartners stellen**
**Eigene Anteile für den Konflikt erkennen und kommunizieren**
**Sach- und Selbstoffenbarungsseite nutzen**
**Rapport und Spiegeln**
**„Wer fragt, der führt"**
**Zurück zum Ziel: „Was wollen wir hier erreichen?"**
**Das 3-k-System (kurz-konkret-konstruktiv)**
**Angemessenes Feedback geben**
**"Ich"- statt „Du/Sie"-Botschaften (Verhalten von der Person trennen)**

intuitiv, experimentierend

**»Wozu (noch)?«**
experimentiert

Das Thema soll möglichst auf neue The-
menfelder übertragbar sein.

**»Warum?«**
engagiert, kritisch

Die Bedeutung des Themas muss erkannt
werden.

**»Wie?«**
aktionsorientiert

Das Thema muss eine hohe Praxisrele-
vanz haben und am besten sofort auspro-
biert und umgesetzt werden können.

**»Was?«**
informiert

Das Thema soll sich konzeptionell und
strukturiert umfassend erschließen.

aktionsorientiert, anwendend

reflektiert, beobachtend

konzeptionell

**Abb. 4.4**  W-Typologien nach Bernice Mc Carthy

Unterschiedliche Persönlichkeiten erreiche ich durch die adressatengerechte
Kommunikation. Menschen wollen konkrete Fragen beantwortet wissen, bevor
sie dem Moderator wirklich Gehör schenken und sich öffnen. Entweder die Frage
nach dem Warum, dem Was, dem Wie oder dem Wozu (noch). Je nach Präferenz
lassen sich unterschiedliche Verhaltensmuster und Bedürfnisstrukturen ableiten.

Dieses Wissen entwickelte Bernice Mc Carthy[5] weiter Abb. 4.4.

Es ist menschlich, dass wir uns zunächst Menschen zuwenden, die ähnlich
agieren wie wir! Das gibt uns Sicherheit.

Wie binde ich die einzelnen Persönlichkeiten in der Moderation erfolgreich
ein? Abb. 4.5.

---

[5] McCarthy, Bernice und Dennis (2005): Teaching Around the 4 MAT Cycle: Designing
Instruction for Diverse Learners with Diverse Learning Styles, Corwin Publishing House.

intuitiv, experimentierend

aktionsorientiert, anwendend

reflektiert, beobachtend

## »Wozu (noch)?«

**Ihre Werte:**

Etwas Neues schaffen, Anerkennung

*Sie brauchen*

- Perspektiven
- Informationen über die langfristigen Auswirkungen
- die Bühne
- Anerkennung und Prestige
- Visionen
- Jemanden, der Ihre Begeisterung für Neues teilt

## »Warum?«

**Ihre Werte:**

Freiheit, Unabhängigkeit, gesellschaftliches Engagement

*Sie brauchen*

- Geduld
- ausreichend Hintergrundinformationen
- Zeit für die Entscheidung
- eigene Herangehensweisen
- gute Beweggründe
- Rückzugsmöglichkeiten

## »Wie?«

**Ihre Werte:**

Ehrgeiz, Ziele erreichen

*Sie brauchen*

- eigentlich nichts!
- den Startschuss
- Handwerkszeug
- generelle Sprache
- den Rahmen, in dem Sie agieren dürfen
- Fehlertoleranz

## »Was?«

**Ihre Werte:**

Kompetenz, Spezialisierung, Sicherheit

*Sie brauchen*

- Zahlen, Daten, Fakten
- Sicherheit
- ausreichend Hintergrundinformationen
- Feedbackschleifen
- Inhalte/Konzepte
- Schriftlichkeit
- Details
- Kompetenz

konzeptionell

**Abb. 4.5** Unterschiedliche Persönlichkeiten brauchen unterschiedliche Ansprachen

Noch ein Tipp: Sie können dieses Wissen auch als Strukturierungshilfe für die Anmoderation von Themen nutzen. Erläutern Sie schon in der Einleitung alle vier Fragen, dann erreichen Sie alle Zuhörer und ordnen gleichzeitig Ihre eigenen Gedanken!

Starten Sie mit dem „Warum": Erklären Sie die Hintergründe und den Sinn des Themas.

Da der „Warum"-Typ den auditiven Kanal bevorzugt, sprechen Sie ihn direkt an, indem Sie Formulierungen nutzen, wie „ich werde Ihnen den Gesamtzusammenhang zunächst einmal erklären"… oder „die Hintergründe X und Y sind wichtig, um den Sinn unseres weiteren Vorgehens zu verstehen!".

Dann gehen Sie stärker ins Detail und erklären insbesondere für die „Was"-Typen die Zahlen, Daten und Fakten. Machen Sie deutlich, dass Ihre Aussagen im Vorfeld gründlich getestet worden sind und auf einem breiten Fundament stehen, das Sicherheit gibt. Die „Was"-Typen holen Sie zusätzlich ins Boot, wenn Sie weiteres Material im Anschluss an Ihre Präsentation in Aussicht stellen. Hilfreiche Formulierungen sind „wir haben uns im Vorfeld viel Zeit für die gründliche Analyse genommen" oder „mit dem Material, das wir Ihnen im Nachgang zur Verfügung stellen, können Sie jeden Schritt noch einmal ganz genau nachvollziehen und sichergehen, dass wir auch kein Detail bei der Entscheidung vergessen haben."

Danach zügeln Sie die Ungeduld der Pragmatiker, indem Sie kurz die nächsten Schritte erläutern. „Wer macht was bis wann" sind die für den „Wie"-Typen die wirklich entscheidenden Fragen. Wenn er eine ungefähre Vorstellung davon gewinnt, was er tun wird, dann ist er zufrieden. Sprachlich überzeugen Sie ihn mit lösungsorientierten Äußerungen, die einfach und konkret sind, und die auf schnelle Ergebnisse hoffen lassen.

Am Ende der Anmoderation drücken Sie die Zukunftsaussicht für den Visionär möglichst bildhaft aus. Das klingt dann wie folgt: „Malen Sie sich einmal aus, welche Chancen sich für uns noch erschließen werden, wenn wir das Projekt erst einmal angestoßen und auf den Weg gebracht haben…" Zeigen Sie weitere Chancen mit der Frage „Wozu noch" auf, umreißen Sie kurz die langfristige Strategie.

Um wirklich alle Typen zu erreichen, benötigen Sie sowohl unterschiedliche Überzeugungsstrategien als auch sprachliche Vielfalt. Setzen Sie in der Moderation unterschiedliche Medien ein, um den auditiven (durch das gesprochene und gehörte Wort), den visuellen (durch Bilder, Filme, Skizzen) und auch den kinästhetischen Kanal (durch Aktivität und Einbeziehung oder das Erleben eines neuen Prozesses) der Menschen zu erreichen.

Für die Teamentwicklung im virtuellen Raum gilt all das bisher Gesagte, nur noch einmal in verstärkter Form. Durch die Virtualität entsteht eine größere emotionale Distanz als beim gemeinsamen Offsite in Präsenzform. Es ist schwerer zu erkennen, wenn sich die Gestik oder Mimik von Teilnehmenden durch das Gesagte verändert. Wir haben ungefähr vierzig bis fünfzig Gesichtsmuskeln, die unsere emotionale Stimmungslage widerspiegeln. Insbesondere bei der virtuellen Teamentwicklung sind sowohl Teilnehmende als auch der

Moderator stark gefordert, die Stimmungslagen einzufangen und miteinander besonders achtsam umzugehen. Mit Interaktivität, wie der Nutzung der Chatfunktion, Smarticons, Skalenabfragen und der Visualisierung mithilfe von interaktiven Whiteboards, auf die alle Zugriff haben, können sich alle einbringen.

## 4.4  Kreativität im Team fördern

Warum sind Kreativitätstechniken für die Toolbox der Teamentwicklung wichtig?

Wenn Themen adressiert worden sind, für die neue Wege oder Lösungen benötigt werden, dann wird meist die Methode des klassischen Brainstormings genutzt. Häufig allerdings ohne die notwendigen Regeln zu beachten. Vielfach dominieren die extrovertierten Teammitglieder die Diskussion und die Kritiker kommen früh zu Wort und ersticken die Aufbruchstimmung im Keim.

Alternative Methoden ermöglichen es, nicht in diese Fallen zu tappen, sondern sich auf anderen Wegen gemeinsam der Lösungsfindung zu nähern.

Bevor ich hier ausgewählte Methoden vorstelle, die sich in der Praxis bewährt haben, möchte ich einmal die generellen Erfolgsfaktoren für eine kreative Arbeitsatmosphäre betrachten.

Zunächst einmal ist es entscheidend, dass die Teammitglieder ein ähnliches Bild von der Problemstellung haben. Je klarer das Problem definiert ist, desto leichter lassen sich Lösungen finden.

Und wichtig zu wissen, dass jeder Mitarbeitende kreativ sein kann. Kreativität braucht einen angemessenen Rahmen und Struktur.

Zunächst sollten alle Ideen erlaubt und zugelassen werden. Menschen sind am kreativsten, wenn sie entspannt und in Bewegung sind.

### ▶ Erfolgskriterien für Kreativitätsprozesse

Verständnis:
Nur, wenn Sie die Ausgangssituation aus verschiedenen Perspektiven betrachten und verstehen, können Sie überhaupt Lösungen entwickeln.

Selbstkritik:
Seien Sie bereit, die eigenen Annahmen, Überzeugungen und Meinungen konsequent infrage zu stellen.

Offenheit:
Betrachten Sie ebenfalls die Lösungsentwicklung und die Fragestellung aus der Sicht eines Außenstehenden.

Kombination:
Verbinden Sie vorhandene Informationen mit neuen Lösungen. Der Zufall kann Ihnen eine große Hilfe sein – viele Informationen sind so entstanden.

Optimierung:
Üben Sie sich in der Kunst, neue Ideen so zu bearbeiten, dass Schwächen minimiert werden können. Testen Sie Ihre Lösungen und beziehen Sie Ihren Kunden so früh wie möglich ein.

Rahmen:
Ein Rahmen der Entspannung und Bewegung ermöglicht die besten Voraussetzungen.

Struktur:
Kreative Methoden haben eine grundlegende Struktur, die durchlaufen werden muss.

Jetzt zu den Kreativitätstechniken, die sich aus meiner Erfahrung besonders gut für moderierte Teamentwicklungen eignen.

**Die Methode des Brainwritings**
Die Methode des Brainwritings Abb. 4.6 setze ich gern anstelle des klassischen Brainstormings ein. Immer dann, wenn es einige dominante Persönlichkeiten im Team gibt, die nach der Problembeschreibung die vermeintliche Lösung schon vorgedacht haben.

In solch einem Setting ist die Brainwritingmethode sehr geeignet. Sie wird auch 6-3-5 Methode genannt. Der Name entspricht dem Vorgehen: Sechs Teilnehmende führen fünf Runden durch, in denen sie zunächst jeweils drei Ideen zu einer Fragestellung generieren. Dann werden jeweils nacheinander die Ideen des nachfolgenden Teilnehmers weiter konkretisiert oder neue Ideen ergänzt. Jedes einzelne Blatt wird im Uhrzeigersinn fünfmal weitergereicht, bis das eigene Blatt wieder vor einem liegt.

Im Anschluss teilen die Teilnehmenden die Konkretisierung der Ideen als kurze Zusammenfassung im Plenum. Der Moderator skizziert die Ergebnisse, sodass die Gruppe im nächsten Schritt entscheiden kann, welche Ideen sie weiterverfolgen will. Ist die Gruppe größer als sechs Teilnehmer, teile ich die Gruppe und führe mehrere Brainwriting-Runden gleichzeitig durch.

# Methode 6-3-5-Formular

| | 1. Idee | 2. Idee | 3. Idee |
|---|---|---|---|
| **Problemstellung** | | | |
| **Datum** | | | |
| **Teilnehmer 1** | | | |
| **Teilnehmer 2** | | | |
| **Teilnehmer 3** | | | |
| **Teilnehmer 4** | | | |
| **Teilnehmer 5** | | | |
| **Teilnehmer 6** | | | |

**Abb. 4.6** Methode des Brainwritings

# Methode: Erfolgspfade

| Fragestellung | Angestrebter Zustand | Ideen, die das Ausgangsproblem verschlimmern | Analogien aus anderen Lebensbereichen | Welche Hauptwiderstände kann es geben? | Welche Lösungen gibt es, um die Widerstände zu verringern oder gänzlich aufzulösen? | Die 3 besten Ideen, die in den nächsten 3 Wochen umgesetzt werden sollen | ... und ihre Konkretisierung |
|---|---|---|---|---|---|---|---|
| | | 1. | | | | 1. | |
| | | 2. | | | | 2. | |
| | | 3. | | | | 3. | |

**Abb. 4.7**  Methode der Erfolgspfade

Der Vorteil dieser Methode liegt in der Anonymität und der Gedankenfreiheit. Da keine Idee bewertet wird, ist wirklich alles erlaubt, und auch die zurückhaltenden Mitglieder des Teams fühlen sich mit dem Vorgehen wohl.

**Die Methode der Erfolgspfade**
Bei dieser Methode Abb. 4.7 sollte, wie auch bei den nachfolgenden, zunächst die Problem- oder Fragestellung klar formuliert und der angestrebte Zustand skizziert werden, sodass alle Mitdenkenden das gleiche Verständnis haben. Im Anschluss folgt das Kopfstandbrainstorming: Was also muss passieren, damit sich das Ausgangsproblem noch verschlimmert? Allein dieser Denkansatz bringt häufig schon Bewegung in festgefahrene Denkstrukturen. Meist wissen wir ganz genau, was nicht passieren darf, auch wenn wir die Lösung noch nicht kennen. Analogien aus anderen Lebensbereichen, in denen ähnliche Widerstände auftreten, erweitern das Lösungsfeld. Danach fokussiert sich das Team wieder auf die Hauptwiderstände und entwickelt dazu Lösungsansätze, die im nächsten Schritt dann konkretisiert werden und zur Sicherung der Nachhaltigkeit auch mit Verantwortlichkeiten und Terminierungen hinterlegt werden.

**Sechs Denkhüte nach de Bono**
Unser Hirn arbeitet gern in eingefahrenen Bahnen, kann sich jedoch auf Zuruf in andere Denkweisen begeben. Das mag sich zwar unnatürlich anfühlen, kann aber über einen begrenzten Zeitraum aufrechterhalten werden – und zu spannenden Gedanken führen. De Bono hat sechs Denkrichtungen identifiziert und jeder von ihnen einen Hut zugeordnet, der in einer Gruppendiskussion aufgesetzt wird:

▶ **Die sechs Denkhüte im Detail**
**Der weiße Hut**
Zahlen, Daten, Fakten: Der weiße Hut fokussiert sich auf die vorliegenden Daten, analysiert, die Tatsachen und bleibt bei der reinen Sachinformation. Der Inhaber des weißen Huts nimmt In der Diskussion eine objektive Haltung ein.
    Kernfrage: Welche Fakten sind bekannt und von Relevanz?

**Der rote Hut**
Emotionen: Der Inhaber des roten Huts nimmt eine emotionale Haltung ein, achtet auf sein Bauchgefühl, seine Intuition. Er nimmt einen Perspektivwechsel ein, indem er auch daran denkt, wie sich andere durch das Thema beeinflusst fühlen könnten. Gefühle wie Ängste, Sorgen, Vorlieben und Abneigungen werden näher betrachtet.
    Kernfrage: Wie fühlen wir uns bei der Betrachtung des Themas?

**Der schwarze Hut**
Kritik: Der Inhaber des schwarzen Huts betrachtet potenzielle Probleme und
Gefahren, urteilt vorsichtig und kritisch. Er lässt sich nicht von Euphorie
mitreißen, sondern überlegt, was schief gehen kann – und sorgt so für frühe
Vorsichtsmaßnahmen.
Kernfrage: Welche Hürden werden auftreten?

**Der gelbe Hut**
Optimismus: Der Inhaber des gelben Huts hat eine positive Grundhaltung, die mit
einem ebenso ausgerichteten Blick in die Zukunft deutet. Vorteile und positive
Aspekte des Themas werden in den Mittelpunkt gerückt, und Zweifel haben hier
zunächst keinen Raum.
Kernfrage: Wie sieht das „Best Case"-Szenario aus?

**Der grüne Hut**
Kreativität: Der Inhaber des grünen Huts erlaubt sich einen freiheitlichen Denk-
ansatz, der konstruktiv und ohne Hürden neue Lösungen und Ideen hervorbringt.
Die Abwesenheit von Kritik ermöglicht einen offenen Blick, der auch abwegige
Ideen zulässt.
Kernfrage: Wie können wir unseren Horizont so erweitern, dass neue Ideen
ausreichend Raum haben?

**Der blaue Hut**
Steuerung: Der Inhaber des blauen Hutes steuert den Prozess, moderiert die
anderen Beiträge und sorgt dafür, sodass alle Denkansätze ausreichend zu Wort
kommen und keiner dominant ist.
Kernfrage: Wie kann der Prozess gesteuert werden, sodass alle Denkmuster
Gehör finden, und wir zu einer gemeinschaftlichen tragfähigen Lösung gelangen?

Diese Methode kann sehr strukturiert eingesetzt werden. In der Tabelle finden Sie
einen Ablaufvorschlag Tab. 4.2.
Ich setze sie oft zum Abschluss eines Workshops ein, um Feedback zum
gemeinsamen Prozess einzuholen. Auf der einen Seite erhalte ich so oftmals ein
viel differenzierteres Feedback, und zum anderen lernen meine Teilnehmer noch
eine weitere Kreativitäts- und Moderationsmethode kennen. Dazu habe ich mir
unterschiedlich farbige Hüte besorgt, die ich in die Mitte des Raumes lege, sodass

**Tab. 4.2** Ablauf einer gemeinschaftlichen Ideenfindungssession mit der de Bono Methode

| Blauer Hut | 5–10 min | Beschreibung des Themas/Problems und Zielsetzung des Meetings, Erläuterung des Ablaufs und Zuordnung der Rollen |
|---|---|---|
| Weißer Hut | 10 min | Sammeln der Fakten und Sachinformationen |
| Grüner Hut | 5 min | Ideensammlung, Lösungsvorschläge |
| Roter Hut | 30 s | Abstimmung über favorisierte Lösung |
| Gelber Hut | 3–5 min | Erarbeitung von Vorteilen für die favorisierte Lösung |
| Schwarzer Hut | 3–5 min | Nachteile und Gefahren der favorisierten Lösung |
| Grüner Hut | 5 min | Sammeln von Ideen zur Überwindung der genannten Probleme und Hürden |
| Blauer Hut | 5 –10 min | Zusammenfassung und Vereinbarung der nächsten Schritte |

Methode: 6 Hüte nach de Bono

sich jeder Sprecher einen entsprechenden Hut für sein Abschlussstatement aussuchen kann. Natürlich müssen es keine Hüte sein, es reichen auch farbige Karten oder andere Stellvertreter für die jeweilige Rolle.

Welche Methode Sie wann einsetzen, hängt von der Teamgröße, der Zeitressource und der Phase ab, in der sich das Team gerade befindet. Doch aus meiner Sicht ist die Wirksamkeit des Methodenkoffers abhängig von der Prozesskompetenz des Moderators. Die Konzeption ist ein wichtiger Erfolgsfaktor zur Zielerreichung und zur Sicherung der Nachhaltigkeit. Wenn ich im Prozess merke, dass ich eine der Variablen, wie Teamreife oder Diskussionsbedarf falsch eingeschätzt habe, dann löse ich mich von meinem Konzept und passe mich der Gruppendynamik an. Für mich ist das einer der Grundpfeiler in der systemischen Beratungskompetenz. Wenn ich einen kleinen methodischen Wirkfaktor ändere, dann hat das einen direkten Einfluss auf das Gesamtsystem. Und die Befindlichkeiten der Gruppe haben immer Vorrang vor einem sauber durchmoderierten Prozess. Um auf die Dynamik des Gruppenprozesses vertrauen zu können, braucht es einige Jahre Erfahrung und den Mut, Neues auszuprobieren. Dabei wünsche ich Ihnen viel Spaß und Erfolg!

Ich freue mich sehr über Feedback und Erfahrungsaustausch!

Schreiben Sie mir unter info@mahlstedt-tcc.de

Aktuelles zu Leadership und Teamentwicklung finden Sie auf unserer Homepage www.mahstedt-tcc.de.

# Was Sie aus diesem *essential* mitnehmen können

- Was Hochleistungsteams im Vergleich zu Durchschnittsteams anders machen
- Welche Erfolgsfaktoren und Teamverstärker Sie nutzen können, um Teams zu Hochleistungsteams zu entwickeln
- Wie Sie Hürden umschiffen und Störfaktoren im Team begegnen
- Wie Sie das Team in den einzelnen Entwicklungsphasen erfolgreich begleiten
- Mit welchen Methoden Sie Teamreviewprozesse lebendig und kreativ gestalten

A. Mahlstedt, *Die Toolbox für die Teamentwicklung,* essentials, https://doi.org/10.1007/978-3-658-37446-4

# Über die Autorin

Anja Mahlstedt ist als Führungskräftetrainerin, Beraterin und Coach mit eigenen Unternehmen tätig.

Zuvor war sie in unterschiedlichen HR-Funktionen im In- und Ausland angestellt und schon frühzeitig als Führungskraft aktiv. Sie machte in ihrer Laufbahn als Personalmanagerin schnell die Erfahrung, dass high performing Teams eine gute Begleitung benötigen, und es bestimmte Kriterien gibt, die für die optimale Leistungserbringung erfüllt sein müssen.

Inzwischen begleitet sie als Teamentwicklerin und Moderatorin viele Teams auf ihrem Weg. In dieser Toolbox teilt sie eigene Praxiserfahrung und gibt einen Überblick über hilfreiche Modelle, die auch Führungskräfte für die Begleitung und Entwicklung ihrer Teams anwenden können.

Darüber hinaus ist Anja Mahlstedt mit unterschiedlichen Führungs- und Kommunikationsthemen als Key Note Speakerin gefragt. Informationen hierzu finden Sie auf ihrer Homepage unter www.mahlstedt-tcc.de und www.AnjaMahlstedt.com.

Sie ist verheiratet, hat zwei Kinder und lebt mit ihrer Familie in der Nähe von Hamburg.

**Anja Mahlstedt**
Luv 8
22880 Wedel
www.mahlstedt-tcc.de
info@mahlstedt-tcc.de
01716511616

Printed in the United States
by Baker & Taylor Publisher Services